Marion Demme-Zech

111 Orte für Kinder im Saarland, die man gesehen haben muss

111

D1930004

emons:

Bibliographische Informationen der Deutschen Nationalbibliothek
Die Deutsche Nationalbibliothek verzeichnet diese Publikation in der Deutschen Nationalbibliografie; detaillierte bibliografische Daten sind im Internet über http://dnb.d-nb.e abrufbar.

FSC
www.fsc.org
MIX
Papier | Fördert gute Waldnutzung
FSC® C083411

© Emons Verlag GmbH
Cäcilienstraße 48, 50667 Köln
info@emons-verlag.de
Alle Rechte vorbehalten
© der Fotografien: Marion Demme-Zech, außer:
Ort 15: Christine Chatelain; Ort 46: Melina Schmidt; Ort 48: Anton Didas;
Ort 53: Thomas Auer/saarcade e.V.; Ort 55: Frank Rauber; Ort 67: Lorena Rues;
Ort 75 oben: Torsten Greis; Ort 75 unten: Jens Welsch; Ort 98: Nora Raber
© Covermotiv: shutterstock.com/Kasefoto; kazoka; irin-k;
Nikolai Tsvetkov; Mikhail Markovskiy
Layout: Editorial Design & Artdirection, Conny Laue, Bochum,
nach einem Konzept von Lübbeke | Naumann | Thoben und Nina Schäfer
Kartografie: altancicek.design, www.altancicek.de
Kartenbasisinformationen aus Openstreetmap,
© OpenStreetMap-Mitwirkende, ODbL
Druck und Bindung: CPI – Clausen & Bosse, Leck
Printed in Germany 2025
Erstausgabe 2022
ISBN 978-3-7408-2555-3
Aktualisierte Neuauflage Februar 2025

Unser Newsletter informiert Sie
regelmäßig über Neues von emons:
Kostenlos bestellen unter
www.emons-verlag.de

Die automatisierte Analyse des Werkes, um daraus Informationen insbesondere über Muster, Trends und Korrelationen gemäß § 44b UrhG (»Text und Data Mining«) zu gewinnen, ist untersagt.

VORWORT

Oh, wie schön ist das Saarland! Im kleinen, aber doch sehr großartigen Saarland gibt es so viele abenteuerliche, lehrreiche, kuriose und einmalige Orte, die es wert sind, von Klein und Groß entdeckt zu werden.

Auf der Suche nach diesen besonderen Orten, an denen Kinder mehr als willkommen sind, wo sie ausprobieren und staunen können und die Region auf ihre eigene Weise erfahren dürfen, ging es für mich quer durch das schöne Saarland. Mehr als einmal durfte ich dabei wieder Kind sein. Und mal ehrlich: Was kann einem als Erwachsener Besseres passieren? Dafür bin ich dankbar. Dankbar bin ich auch für die vielen zauberhaften Orte, die ich kennenlernen und erleben durfte, und auch für die zahlreichen spannenden Begegnungen. Hinter besonderen Orten (ver)stecken (sich) immer auch besondere Menschen, das habe ich auf der Suche gelernt. Nicht immer sind diese Menschen zu sehen, aber es gibt sie. Es sind all die, die sich engagieren und ihr Bestes geben, sei es nun, um über Burgen zu führen, Wege herzurichten, erstaunliche Bilder auf Fassaden zu sprühen oder um Kindern altes Handwerk zu vermitteln.

Wenn mit Unterstützung dieses Buches verregnete Sonntage künftig bunter und regionale Sagen und Legenden fast greifbar werden, wenn Klein und Groß erleben, dass sich für Tiere und die Umwelt einzusetzen ein echter Gewinn für alle ist, dann ist das Ziel dieser Lektüre für junge Heimatentdecker mehr als erreicht.

Nichts wie los, erobern Sie sich gemeinsam als Familie das Saarland und lassen Sie sich nicht ein einziges Abenteuer entgehen. Mindestens 111 Orte im Saarland warten darauf, erobert zu werden.

111 ORTE

1_DER MYSTERY-LITERMONT

Eine saar-genhafte Tour

Wie cool ist das denn? Sagengeschichten aus dem Saarland gibt es zuhauf. Die kann man nachlesen oder sich vorlesen lassen – oder man erlebt die Sagen hautnah mit. Modernste Technik macht genau dies auf der rund vier Kilometer langen Litermont-Mystery-Tour möglich. Virtuelle Realität lässt die Sagengestalten exakt an den Orten, an denen sich die Geschichten abspielen, wie in echt auftauchen. So treffen die Wanderer auf den mutigen Ritter Maldix; und sogar der Händler Sodix, nach dem die Sodixhütte benannt wurde, ist im Düppenweiler Wald unterwegs. Auch die verkaufte Braut spielt ihre Rolle gut, wenn sie des Nachts auf Rachezug geht. Eine Düppenweiler Schauspielgruppe hat die hoch spannenden Szenen an den Hängen des Litermonts eingespielt. Mittels virtueller Realität tauchen Besucher immer wieder von Neuem in diese Momente ein. Derart mittendrin im Geschehen zu sein, ist aufregend. Da gibt es Pferde, Ritter, aber auch einige den Helden nicht so wohlgesonnene Gestalten. All das ist ein unvergessliches und außergewöhnliches Erlebnis. Eins, das in der Tat so fesselnd und mitreißend sein kann, dass die Kinder bei diesem Angebot schon etwas älter sein sollten.

Für die Litermont-Mystery-Tour braucht es eine VR-Komplett-Brille oder eine VR-Einschubbrille für das Smartphone, die vor Ort erhältlich ist. Auch mit Handy und Tablet ist es möglich, mit Maldix und seinen Gesellen auf den geheimnisvollen Pfaden um den Litermont zu wandeln. Saar-genhaft, kann man da nur sagen.

Adresse Piesbacher Straße 67, 66701 Beckingen-Düppenweiler // **Anfahrt** A 8, Ausfahrt Nalbach, auf B 269 bis Piesbach, gegenüber Gelände Ahrweiler scharf links in die Sportplatzstraße nach Piesbach, an der Hauptstraße leicht versetzt geradeaus auf die Litermontstraße, dieser bis zum Parkplatz Kupferbergwerk folgen, Start ist direkt am Kupferbergwerk // **Öffnungszeiten** jederzeit

TIPP: Wer nun schon am Litermont ist, sollte unbedingt auch den mächtigen vulkanischen Monolith »Der Graue Stein« besuchen.

BECKINGEN-SAARFELS

2_AM LEUCHTTURM

Ein rot-weiß gestreifter Kindertraum

Ein strahlend schöner Leuchtturm, ein prächtiges Schiff und feinster Sandstrand direkt an der Saar gelegen – das alles zusammen lässt mitten auf dem Festland Meeresatmosphäre aufkommen. Was das Thema kreative Spielmöglichkeiten angeht, sind junge Gäste hier bestens bedacht.

Der zehn Meter hohe Sechseckturm kann entweder über die Leitern in seinem Innern oder das Aufstiegsnetz erklommen werden. Daraufhin wird erst einmal das Terrain in Augenschein genommen. Die Saar plätschert ruhig dahin, und die Besucher auf dem SaarGarten-Gelände, die die Blumen und Outdoor-Kunstobjekte bestaunen, wirken harmlos. Aber, aber … oje, was ist denn da vorne? Ein Schiff nähert sich dem Leuchtturm, und die Gesellen auf Deck scheinen nicht zu ahnen, dass sie derzeit gefährlich nah auf die Klippen zusteuern. Irgendwer muss sie warnen.

Das Licht im Leuchtturm wird aktiviert, und schon geht es wieder hinab. Auf dem schnellsten Weg. Was wäre da besser geeignet als die Tunnelrutsche? Hui! Sekunden später hat der Leuchtturmwärter festen Boden unter den Füßen. Doch keine Zeit auszuruhen. Durch den Sand kämpft sich der junge Wärter mit hocherhobenen Armen bis zum Schiff vor. Wenden, ihr müsst wenden! Ein Glück – der Steuermann scheint endlich zu verstehen. Er packt das Steuerrad mit ganzer Kraft. Das Schiff wankt, in letzter Sekunde nimmt es neuen Kurs auf. Uff, das ist gerade noch mal gut gegangen. Im SaarGarten ist eben der beste Platz für echte Heldentaten.

TIPP: Auf der anderen Saarseite in Rehlingen thront auf der Höhe die Burg Siersberg. Da lässt sich nach all den Meeresabenteuern gleich noch ins Mittelalter eintauchen.

Adresse Merziger Straße, 66701 Beckingen-Saarfels, behindertengerechter Zugang, auch wenn Leuchtturm und Piratenschiff an sich nicht barrierefrei sind // Anfahrt A 8, Ausfahrt Rehlingen, auf L 347 (Marie-Curie-Straße) Richtung Dillingen/Beckingen, an der Ampel links auf L 174 Richtung Merzig einordnen, nach der nächsten Ampelanlage links auf kostenfreien Parkplatz, der Leuchtturm ist schon in Sichtweite // Öffnungszeiten jederzeit

3_DIE FUSSBALLGOLF-ANLAGE

Das Runde gehört ins Runde

Fußballgolf – das kommt Minigolf recht nah, wenn man den Schläger gegen die eigenen Beine und den Minigolfball gegen einen Fußball eintauscht. Die Regeln sind sogar ähnlich, aber die Spielfläche ist weit größer.

In Beckingen sind es 50.000 Quadratmeter mit 18 Bahnen, die eine ganze Reihe an Schikanen für junge Ballkünstler bereithalten. Vor jeder neuen Station steht auf einem Schild zu lesen, welche Kunststücke von den Kickern erwartet werden. Hürden wie Baumstämme und Steine gilt es da mit möglichst wenig Versuchen zu überwinden. An anderer Stelle heißt es wiederum, Pfeiler, Gatter und Pfosten zu umspielen. An Herausforderungen fehlt es nicht. So wie beispielsweise beim »Vulkankegel«, in dessen Mitte der Ball einzulochen ist. Dazu braucht es nicht nur Power, sondern auch »Fußspitzengefühl«. Auch Nicht-Fußballer können leicht punkten, und es mag sein, das dies sogar ein erster Einstieg in die Welt des runden Leders wird. Anderthalb bis zwei Stunden kann es schon mal dauern, bis der Parcours bewältigt ist. Aber die vergehen in Windeseile. Selbst wenn man am Ende nicht als Gewinner vom Platz geht, wird man glücklich und zufrieden sein, denn es macht Spaß, hier am Saarufer, wo immer ein laues Lüftchen weht, seine Fußballliebe auszuspielen. Wer noch nicht genug vom Kicken hat, tobt sich auf dem anliegenden Soccerfield aus. Oder aber man gönnt sich seine verdiente Pause im behaglichen Biergarten.

TIPP: An der Fischerberghütte in Beckingen startet ein »Traumschleifchen«. Der erlebnisreiche Rundweg auf einem Höhenrücken gibt auf der einen Seite immer mal wieder Blicke auf das Saartal frei und auf der anderen auf weite Orchideenwiesen.

Adresse Merziger Straße 1, 66701 Beckingen-Saarfels, barrierefrei // **ÖPNV** RB Haltestelle Beckingen, 5 bis 10 Minuten Fußweg durch die Unterführung und den SaarGarten // **Anfahrt** A 8, Ausfahrt Rehlingen, auf L 347 (Marie-Curie-Straße) Richtung Dillingen/Beckingen, an der Ampel links auf die L 174 Richtung Merzig einordnen, nach der Ampelanlage die 2. Einfahrt links auf den kostenfreien Parkplatz // **Öffnungszeiten** April–Okt. Mo–Fr 13–19 Uhr, Sa, So 10–19.30 Uhr, letzter Start 17 Uhr, in den Sommerferien täglich 10–21 Uhr

4_DAS ZEIT-MUSEUM

Tick-tack, Tick-tack

Genau 99 Uhren sind es. Passend zur Barockstadt Blieskastel zeigt die Uhrenausstellung »la pendule« viele edle und reich verzierte Exemplare. Nicht alle sind aufgezogen, und nicht alle gehen richtig, und das ist vermutlich auch gut so. Denn sonst würde zur vollen Stunde jedes Mal ein kleines Donnerwetter aus dröhnendem Klingklang, Kuckuck-Rufen und Melodien ertönen. Eine faszinierende Vorstellung – allerdings nicht für die Ohren.

Nun ist das Blieskastler Uhrenmuseum mit 150 Quadratmetern ein eher kleines Museum. Der große Vorteil aber ist, dass an der Kasse immer ein Kenner der Ausstellung sitzt und so all die vielen Geschichten und Besonderheiten um die einzelnen Uhren in Erfahrung gebracht werden können. Zumal die Museumsmitarbeiter erfreut über junge und nicht mehr ganz so junge Uhreninteressierte sind. Spätestens dann öffnet sich die bisher unentdeckte Geheimtür, hinter der sich Verblüffendes versteckt: eine mit einer Höhe von 125 Zentimetern doch recht überdimensionierte Kuckucksuhr. An ihrem ehemaligen Standort schnitt man ein Loch in den Boden, damit die Ketten zum Aufziehen ausreichend Platz hatten.

Auch ein typisch saarländisches Exemplar zeigt die Sammlung. Die Ölfunzel-Uhr mit gefärbtem Lampenöl nutzten früher bessergestellte Bauernfamilien. Zum einen erzeugte sie Licht, und zum Zweiten zeigte eine Skala anhand des verbrauchten Öls die Zeit an. Der Wunsch nach Zeitmessung macht eben erfinderisch.

Adresse Uhrenmuseum, City-Haus Blieskastel, Bliesgaustraße 3, 66440 Blieskastel // **Anfahrt** A 8, Ausfahrt Einöd, auf B 423 über Webenheim nach Blieskastel, im Kreisverkehr 1. Ausfahrt (Bahnhofstraße) bis zum Luitpoldplatz mit Parkmöglichkeit, Eingang zum Uhrenmuseum auch über die Florianstraße hinter dem »Haus des Bürgers« möglich // **Öffnungszeiten** So 14–18 Uhr (Dez. und Jan. geschlossen), Führungen auch individuell außerhalb der Öffnungszeiten möglich

TIPP: Der sieben Meter hohe Steinkoloss Gollenstein auf dem Blieskasteler Berg ist eines der ältesten Kulturdenkmäler Deutschlands und immer einen Besuch wert.

5_DER MEGA-RUCKSACK

Ökologisch on Tour mit Paule

Im Stadtwald Blieskastel baumelt ein Riesenrucksack weit oben zwischen den Bäumen. »Was soll das?«, staunen die Kids. Dort drin könnte man gut und gern zwei Zehnjährige unterbringen.

Der ökologische Rucksack, der weit größer ist als ein normales Gepäckstück, steht für die Rohstoffe, die aufgewendet werden, um so eine schlichte Sache wie beispielsweise eine Jeans für Paul, den jungen Begleiter über den Erlebnisweg, zu fertigen. Um eine Hose, die rund 600 Gramm wiegt, herzustellen, kann doch nicht viel nötig sein, könnte man vermuten. Aber Pustekuchen. Für eine einzige Jeans braucht es 38 Kilogramm Rohmaterial und ungeheure 8.600 Liter Wasser. Wie sich 38 Kilo anfühlen, erfahren Kinder an der Stemmstation vor Ort. Uff, das ist ganz schön schwer! Und mit dem verbrauchten Wasser ließe sich ein mittelgroßer Pool füllen. Jetzt staunen auch die Großen.

Auf der zwei Kilometer langen Rundstrecke mit zwölf Stationen und zahlreichen Erlebnis- und Spielangeboten erfahren Familien, welche Auswirkungen der Kauf alltäglicher Produkte hat und – das ist besonders spannend – wie leicht es ist, wichtige Ressourcen einzusparen. Ob es nun der Erwerb von regionalen Erzeugnissen bei ansässigen Bauernhöfen oder an Regiomaten ist, die Suche nach Gebrauchtem oder Upcycling, all das ist doch viel schöner, als einfach nur im Supermarkt einzukaufen. Eine Radtour, statt mit dem Auto zu fahren, das macht zugleich Spaß. Vor allem wenn man weiß, dass man damit nicht nur sich selbst, sondern auch der Umwelt etwas Gutes tut.

Adresse Zur Kurklinik, 66440 Blieskastel-Lautzkirchen // Anfahrt A 6, Ausfahrt Rohrbach, auf L 119 Richtung Rohrbach/Blieskastel fahren, im Kreisverkehr 2. Ausfahrt (weiter auf L 119, später Kaiserstraße), rechts auf L 113, rechts auf Am Eichberg, rechts auf Zur Kurklinik, Parkplatz rechts an den MEDICLIN Bliestal Kliniken, Einstieg Ende der Straße // Öffnungszeiten jederzeit

TIPP: Schon mal vom Floß der Nachhaltigkeit gehört? Zwei Tage lang bauen Kinder und Eltern ein Holzfloß nach alter saarländischer Tradition. Zu Wasser geht es am Ende auf die schöne Blies. Näheres hierzu unter »www.saarpfalz-touristik.de« oder bei der Saarpfalz-Touristik unter Tel. 06841/1047174.

DILLINGEN / SAAR

6_DER WICHTELSPIELPLATZ

Alles für die ganz Kleinen

Spielplätze für ältere Kinder gibt es in vielen Ortschaften im Saarland, einen Spielplatz nur für Kleinkinder muss man schon länger suchen. In Dillingen wird man fündig. Hier sind Kinder unter drei die Helden, wer älter ist und reinwill, der sollte zumindest zur Familie gehören.

Vorbildlich eingezäunt, sehr sauber und übersichtlich auf schattigem Gelände, so macht das Spielplatzleben nicht nur den Zwergen Freude, sondern auch den Eltern, denn in so einem Umfeld können Papa und Mama um Längen entspannter sein und den Spielplatztag ebenfalls genießen. Was das Angebot angeht, ist es gar nicht so viel anders als auf einem »normalen« Spielplatz – mit dem großen Unterschied allerdings, dass alles für junge Gäste dimensioniert ist. Seien es nun die Spielhäuser, der Sandkasten mit Sonnensegel, die Dreierrutsche oder die Kletterwände und Balancierstrecken. Eine Nestschaukel darf an dieser Stelle natürlich auch nicht fehlen, und ein Zug mit einem bunten Waggon für Fahrgäste steht ebenfalls für die ersten Rollenspiele der Jüngsten bereit.

Damit die Größeren nicht leer ausgehen, geht es in direkter Reichweite mit dem Spielen weiter. Auf der anliegenden Grünfläche vergnügen sich ältere Kinder mit Basketballkorb, Seilbahn, Fußballtoren, Schaukeln und Trampolin. Wenn die Zwerge eines Tages aus der Wichtelspielplatz-Generation herausgewachsen sind, können sie gleich nebenan mit altersgerechten Herausforderungen neu durchstarten.

Adresse Heinrich-Heine-Straße 8, 66763 Dillingen/Saar, barrierefrei // **Anfahrt** A 8, Ausfahrt Dillingen Mitte, auf L 355/später Konrad-Adenauer-Allee Richtung Dillingen, im Kreisverkehr 3. Ausfahrt (Industriestraße), an der Gabelung rechts über die Eisenbahnbrücke, an der Ampelanlage geradeaus auf Friedrich-Ebert-Straße, links auf Heinrich-Heine-Straße, am Ende rechts // **Öffnungszeiten** jederzeit // 0–3 Jahre

TIPP: In direkter Nähe, wo sich Göbenstraße und Schmittenbachstraße kreuzen, steht auf einem weiteren Spielplatz ein riesengroßer Traktor für Ausfahrten bereit.

7_DER RÖMERTURM

Antiker Weitblick

Vicus Contiomagus – so hieß Dillingen-Pachten vor rund 2.000 Jahren. Klingt doch phantastisch in den Ohren all derjenigen, die Zeitreisen mögen! Und genau auf eine solche lassen sich Klein und Groß beim Besuch des Römerparks in Dillingen ein.

Schon bei der Anfahrt können Kids den eindrucksvollen Nachbau eines römischen Kastellturmes in Originalgröße erspähen, und eins ist sofort klar: Wir wollen da drauf! Auf Steintreppen geht es hoch hinaus. Von oben haben junge Römer einen weiten Blick auf die Umgebung, und das ist praktisch, denn was passieren kann, wenn man sein Lager nicht bewacht, das kennt man doch wohl allzu gut aus den Asterix-und-Obelix-Comics. Falls Gallier anrücken und Zaubertrank intus haben, ist es gar nicht mehr so lustig, ein Römer zu sein. Doch gerade sieht es friedlich aus. Kein Gallier und auch sonst nichts Gefährliches im Anmarsch. Demnach bleibt Zeit, dem Römerspielplatz einen Besuch abzustatten. Zwei weitere Kastelltürme, diesmal nicht aus Stein, sondern aus Holz, sind mit einem Steg verbunden. Über die Kletternetze sind die Türme schnell erklommen. Auf einer Rutschbahn saust man wieder hinab. Die Landung ist weich, denn hier liegt überall Spielplatzsand.

Im Hochsommer ist das Römerleben in Pachten ein besonderer Spaß. Völlig antik, per Handschwengelpumpe, wird kühles Nass aus der Tiefe gepumpt. Das ist ein Vergnügen, ohne jede Frage. De gustibus non est disputandum – über Geschmack lässt sich eben nicht streiten.

TIPP: Eine Holzbrücke führt auf direktem Weg zum Dillinger Ökosee. Der Lieblingsort von Bird-Watchern, die vom Beobachtungshügel oder der Aussichtsplattform aus das tierreiche, vom NABU betreute Vogelschutzgebiet in den Blick nehmen.

Adresse In der Lach, 66763 Dillingen/Saar-Pachten // **Anfahrt** A 6, Ausfahrt Dillingen-Mitte, auf L 355/Konrad-Adenauer-Allee in Richtung Dillingen, im Kreisverkehr 3. Ausfahrt (Industriestraße), links in In den Zwergen, am Ende der Straße rechts in Fischerstraße/später Brunnenstraße, links in In der Lach // **Öffnungszeiten** jederzeit

8_DER HASENBERG

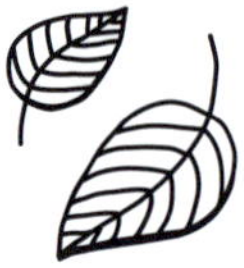

Wo verstecken sich die Namensgeber?

Hasenberg – den Namen hat das Gelände am Rande von Ensdorf nicht umsonst. »Da sind doch gar keine Hasen, oder?«, bemerken junge Besucher, wenn sie auf dem Barbaraplatz auf der Anhöhe des wunderbar ruhig gelegenen Hasenberges ankommen. Tja, so einfach machen es die Mümmelmänner den Kindern nicht. Wer die langohrigen Namensgeber sehen möchte, muss schon ein bisschen suchen, denn das frei zugängliche, zwölf Hektar große Areal ist parkähnlich. Der Hasenberg ist ein etwas anderer Landschaftsgarten mit vielen geschwungenen Wegen und besonderen Plätzen.

Mag sein, dass sich die Langohren in der Muttergotteskapelle, die unterhalb des Barbaraplatzes liegt, verstecken. Also nichts wie hin! Vorbei an einer schönen Brunnenanlage, führt der Weg in die bezaubernde Marienkapelle, allein die bunten Mosaike sind ein herrlicher Anblick. Trotzdem, Hasen sind dort nicht zu finden, und die Suche ist noch längst nicht zu Ende, denn Versteckmöglichkeiten gibt es am Hasenberg viele. Lourdesplatz, Rosenkranzweg oder die schöne Hauptallee mit dem Brunnen, beim Auskundschaften führt der Weg an all diesen besonderen Plätzen vorbei, und früher oder später trifft man auch auf die Langohren.

Ein Tipp für die Großen: Die Hasen haben in einer schattigen Ecke unterhalb der Treppe vor der Marienkapelle ihren Stammplatz. Fünf putzige Häschen aus Buntsandstein hocken dort. Jedes in lustiger Pose: Das eine mümmelt, ein anderes putzt sich die Ohren, und noch mal eins zeigt den Besuchern seinen Puschelpo.

TIPP: Am Hasenberg wachsen zwei außergewöhnliche Bäume – die ♥bäume. Jedes ♥ steht für eine Person, die jemandem besonders am ♥♥ liegt. Alle Besucher des Hasenberges sind ♥lich dazu eingeladen, den Herz-Baum mit weiteren ♥♥ zu schmücken.

Adresse Griesborner Straße 69, 66806 Ensdorf/Saar // Anfahrt A 620, Ausfahrt Ensdorf, auf B 269 Richtung Ensdorf, rechter Fahrtstreifen auf B 51, Kreisverkehr 3. Ausfahrt (Provinzialstraße), rechts auf Kapellenweg, rechts auf Griesborner Straße, Parkplatz vor Ort, etwa 200 Meter bis Barbaraplatz und Kapelle Maria Frieden // Öffnungszeiten Zugang zur Kapelle Mai – Sept. 10 – 18 Uhr, Okt. – April 10 Uhr bis Einbruch Dunkelheit (bei schlechter oder winterlicher Witterung bleibt die Kapelle geschlossen)

9_ DAS NATUR-TV

Couching mal anders

Finkenrech, das Freizeitzentrum zwischen Dirmingen und Tholey, ist immer einen (Familien-)Ausflug wert. Gründe gibt es in großer Zahl, wie den naturnahen Abenteuerspielplatz mit barrierefreien Spielgeräten. Oder die Finkenrech-Tiere. Allerlei Haustierrassen, die vom Aussterben bedroht sind, haben hier ein erstklassiges Zuhause gefunden.

Auch die Gartenbereiche bereiten nicht nur Erwachsenen Freude. Im Asiagarten geht es über geschlungene Pfade. Der Teich mit den großen Fischen, die geschwungene Brücke und der Bambushain verzaubern Kinder. Ebenso wie der Rosengarten mit dem entzückenden Pavillon oder der Arzneigarten, wo sich für jedes Problemchen die passende Heilpflanze findet. Da wird man gar nicht fertig mit Aufzählen: Imkerlehrstand, Riesenschach, die originelle Büchertelefonzelle mit Lesebank und das alljährliche Maislabyrinth. Da hüpft das Kinderherz vor Freude.

Sogar Kunstprojekte finden sich auf Finkenrech – und das auf sehr entspannte Art und Weise. Am Ende der Staudenstraße, kurz bevor der Weg unter Rosenarkaden wieder zurückführt, steht das »Fenster in die Landschaft«. Die dazu passenden Sitz- oder eher noch Liege-Gelegenheiten finden Gäste gleich daneben. Zwei etwas andere Couchen, die bunter gar nicht sein könnten. Darauf können Klein und Groß Platz nehmen und »alle viere von sich strecken«, während sie entspannt in die bildhübsche Umgebung schauen. Ein Natur-TV umrankt von Rosen – was für eine prima Idee.

TIPP: Auf »Bienenreise« führt ein zwei Kilometer langer Familienerlebnisweg, der am Imkerlehrstand startet. Neun Stationen mit Info- und Quiztafeln sowie zum Thema passenden Spielgeräten erzählen vom Alltag der Bienen, aber auch von deren Wichtigkeit für unsere Umwelt.

Adresse Tholeyer Straße 50, 66571 Eppelborn-Dirmingen, Tel. 06827/3050262, www.finkenrech.de, weitgehend barrierefrei // **Anfahrt** A 1, Ausfahrt Eppelborn, auf L 112/später Lebacher Straße in Richtung Dirmingen, in Dirmingen links auf Tholeyer Straße/später L 303, Straße folgen bis Einfahrt Finkenrech auf der linken Seite, Parkplätze direkt vor Ort // **Öffnungszeiten** jederzeit

10_DIE ANDESIT-ROSE

Ist sie wirklich von dieser Welt?

Die Welt steckt voller Rätsel. Eines versteckt sich am Hellerberg in Freisen, wo auf dem Gelände eines ehemaligen Steinbruchs eine 15 Meter hohe, eindrucksvolle Steinrose Wissenschaftlern Kopfzerbrechen bereitet. So recht ist noch nicht geklärt, wie dieses aufsehenerregende halbkreisförmige Naturkunstwerk entstehen konnte.

Dass ein Lavastrom und vulkanische Tätigkeiten die Felsenkugel, die eine zwiebelartige Struktur hat, herausbildete, gilt als wahrscheinlich. Doch sicher ist da nichts. Schon möglich, dass es auch eine ganz andere Erklärung gibt. Kinder sind, was das angeht, möglicherweise weit gewiefter als so mancher Erwachsene. Beim genaueren Betrachten dieses Steinriesen drängt sich ihnen unter Umständen der Gedanke auf, Außerirdische seien hier kreativ am Werk gewesen. Marsmenschen mit zugegeben ziemlich seltsamem Kunstverständnis. Oder aber das mächtige Gebilde ist ein Tor in eine andere Welt. Ein Zeitsprungportal etwa. Das wäre genial. Da ließe sich in die Römerzeit zurückreisen. Ein versteinertes Dinosaurier-Ei könnte es auch sein, aus dem irgendwann – vielleicht sogar am heutigen Tag – Dino-Nachwuchs schlüpft. Oje, diesem Nachwuchs würde man am Hellerberg vermutlich lieber nicht begegnen.

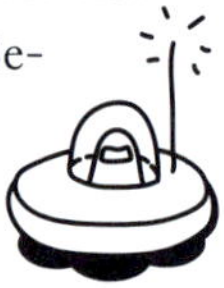

Beim Anblick der kantigen, in sich verwobenen Steinrose lässt sich einiges Aufregende zusammenreimen, und eins ist dabei mehr als sicher: Die Freisener Andesit-Rose ist ein wahrer Hingucker und ein Steinriese, den Jung und Alt im Saarland einmal gesehen haben sollten.

Adresse 66629 Freisen, GPS: 49.54446504280604, 7.26932136107398 // **Anfahrt** A 62, Ausfahrt Freisen/Baumholder, rechts in Baumholder Straße, links in Birgelstraße, Richtung Kompostieranlage, Wanderparkplätze vorhanden, von hier dem Wanderweg Achatweg folgen (Streckenlänge 6,8 Kilometer, kann abgekürzt werden) // **Öffnungszeiten** ganzjährig geöffnet // je nach Ausdauer und Trittsicherheit ab 5 Jahren, Achtung, es gibt einige steile Abhänge

TIPP: Bei einem Abstecher nach Oberkirchen finden Familien eine supersüße Wasserzapfstelle, die Kindern Freude bereitet: Der ultracoole Minion-Fire-Hydrant steht neben dem Feuerwehrgerätehaus als Helfer für Feuerwehreinsätze bereit.

11_AM WEISELBERGER KÖNIGSSTUHL

Regenten des Steinernen Meeres

Unweit des geheimnisvollen Weiselberggipfels bei Oberkirchen thront, passend zu den vielen Sagen, die um ein prächtiges Schloss an dieser Bergkuppe ranken, ein hölzerner Königsstuhl. Wer einmal »testsitzen« und sich als Königin oder König erproben möchte, sollte kein Abenteuer scheuen und gut zu Fuß sein, denn hinauf zum Weiselberg schaffen es nur wahre Gipfelstürmer.

Um zum Thron zu gelangen, ist es am einfachsten, sich ein Stück weit vom Wanderweg Weiselberg Gipfeltour mitnehmen zu lassen. Start ist am Weiselbergbad oder alternativ an der imposanten 39 Meter hohen Talbrücke. Auf der Tour bietet das nur in dieser Region vorkommende 280 Millionen Jahre alte Vulkangestein, der Weiselbergit, einen fremdartigen Anblick. Das bald erreichte Steinerne Meer, in dem sich ein moosbesetzter Felsbrocken an den nächsten reiht, erscheint wie eine märchenhafte Welt. Auch wegen des Weiselberger Königsstuhls, den eigens ein Holzkünstler aus Oberkirchen für diesen ungewöhnlichen Ort gefertigt hat. Der Thron erinnert an den sagenhaften Bergkönig, dessen unterirdisches Schloss aus Gold und Edelsteinen in früheren Tagen im Weiselberg verborgen lag. Nachdem seine Schwester jedoch durch finstere Machenschaften zu Tode gekommen war, sprach der Märchenkönig in seiner Trauer einen Fluch aus, der das Gold des Schlosses zu Stein werden ließ. Darauf zerbrach es in unzählige Stücke. Zurück blieb das Felsenmeer, in dem nun der Thron des einstigen Königs an die Sage erinnert.

TIPP: Märchenhafte Edelsteine, die auch vom ungewöhnlichen Weiselberg stammen, wo in früheren Tagen Achat für die Edelsteinstadt Idar-Oberstein gewonnen wurde, lassen sich im Sonntagmittag geöffneten Mineralienmuseum in Oberkirchen bewundern. Näheres unter www.freisen.de/museen.

Adresse Start Gipfeltour am Weiselbergbad, Zum Schwimmbad 7, 66629 Freisen // **Anfahrt** A 62, Ausfahrt Reichweiler, K 61 / später L 349 Richtung Freisen, links in L 122, rechts zum Weiselbergbad, Parkplätze vor Ort // **Öffnungszeiten** jederzeit

12_DER BELEUCHTETE EISENBAHNTUNNEL

In Grusellaune

Ein Eisenbahntunnel ohne Zug und ohne Gleise – wo gibt's denn so was? Na, in Oberkirchen auf der ehemaligen Bahnstrecke Türkismühle–Kusel. Die wurde, abgesehen vom Bahnhof Schwarzerden, wo die Museumsbahn Ostertalbahn verkehrt, vor einigen Jahren stillgelegt. Züge hat die Unterführung schon lange nicht mehr gesehen, dafür aber eine Menge Radfahrer, Inlineskater und Fußgänger.

Aber was soll an dem alten Gemäuer so besonders sein, fragen Kinder da womöglich. Nun, zum einen ist ein alter Tunnel an heißen Sommertagen einer der besten Orte überhaupt, und zum Zweiten ist so ein Spaziergang durch ein sechs Meter hohes Gewölbe äußerst beeindruckend. Also: auf zu neuen Taten bei der Tour mit Tunnelblick.

Wenn die Kinder auf der Strecke ein dunkles Loch in der Ferne ausmachen, sind sie goldrichtig. Beim Nähertreten aktiviert sich die orange Beleuchtung im Innern. Wirklich hell wird es damit nicht, und so bleibt es abenteuerlich, wenn der mit Efeu berankte Eingang passiert ist. Licht ist am Ende des 216 Meter langen Tunnels keins zu sehen. Es wird merklich kälter, und die eigene Stimme klingt verändert: verflucht düster durch den vielen Hall. Wem es jetzt gruselt, der ist in Kürze erlöst, schon bald sind in der Ferne erste Lichtstrahlen zu erkennen. Das ist der Ausgang. Wie schnell Augen sich an die Dunkelheit gewöhnen, merken die Kids, wenn sie draußen in die Sonne blicken und blinzeln müssen. Wer will gleich noch mal auf »Tunnel-Tauchstation« gehen? So ein Erlebnis hat man nicht alle Tage.

TIPP: Traut sich wer am Ortseingang von Oberkirchen auf die 272 Meter lange und 39 Meter hohe Talbrücke aus Stein, die die zweitgrößte ihrer Art in Deutschland ist?

Adresse 66629 Freisen-Oberkirchen, GPS: 49.53452269357744, 7.265112643583173 // Anfahrt A 62, Ausfahrt Freisen/Baumholder, geradeaus auf L 122, an der Gabelung rechts auf L 122/später Talbrückstraße, rechts zu Nordbahnhof, Einstieg in den Fritz-Wunderlich-Radweg in Richtung Freisen, der Tunnel ist etwa 500 bis 600 Meter entfernt // Öffnungszeiten jederzeit

13_DIE BLIESGAU-ALPAKAS

Der tierisch schöne Hoftag

Was für ein flauschiger Geselle, der Paco. Mit seinen großen Augen und dem leichten Grinsen auf seinen Alpaka-Lippen ist er zum Knuddeln, und das alles zusammen macht es beinahe unmöglich, sich beim Posieren für das Abschlussfoto nicht sofort und für immer in das Wollknäuel zu verlieben.

Ach übrigens, auch wenn Alpakas so kuschelig anmuten, Knuddeln mögen sie überhaupt nicht, und im Gesicht berührt zu werden schon mal gar nicht. Das erfahren Klein und Groß während eines Kennenlerntages mit Hofführung auf dem Erzentalerhof. Zum Glück klappt die Annäherung an die Tiere beim Füttern fabelhaft. Deshalb dürfen die Gäste gleich mithelfen und lernen so – quasi nebenbei – eine Menge Erstaunliches über die Tiere. Zum Beispiel, dass Alpakageburten meist am Morgen stattfinden, da es in den Anden, wo Alpakas ursprünglich leben, in der Nacht eisig kalt ist, und Frieren sollte ein neugeborenes Alpakafohlen natürlich nicht. Mit so viel Alpaka-Wissen im Gepäck geht es auf dem Erzentalerhof zu noch mehr tierischen Hofbewohnern wie den außergewöhnlichen Walliser Schwarznasenschafen. Wie die zu ihrem Namen gekommen sind, braucht niemand zu erklären. Das erkennen Besucher beim ersten Anblick. Auch Burenziegen, Hühner und Allgäuer Braunvieh wollen begrüßt werden, und so geht der Kennenlerntag für kleine und große Hofbesucher vermutlich viel zu schnell zu Ende. Gar kein Grund traurig zu sein: »Wiederholungstäter« sind auf dem Erzentalerhof äußerst gerne gesehen.

TIPP: Nicht weit entfernt, an der Grenze zu Frankreich, liegt der Europäische Kulturpark Bliesbruck-Reinheim, wo junge Entdecker allerlei Antikes, wie ein keltisches Fürstinnengrab, eine römische Villa und Thermenanlagen, vorfinden.

Adresse Erzentalerhof, Familie Müller, 66453 Gersheim // **Anfahrt** A 6, Ausfahrt Saarbrücken-Fechingen, abbiegen in Saarbrücker Straße / später Provinzialstraße / L 107 in Richtung Brebach-Fechingen, in Ommersheim Verkehrsinsel leicht rechts weiter auf Adenauerstraße / später L 237, an Straßenmündung rechts auf B 423, links in Rubenheimer Straße / später L 231, an Straßenmündung rechts auf Saargemündertstraße / später L 105, links auf Schulstraße / später L 102, links auf Erzentalerhof // **Öffnungszeiten** Anmeldung ist vorab erforderlich, bitte auf der Webseite www.bliesgau-alpaka.de zu Terminen informieren

14_DER WARNDT-CANYON

Wild Wild West

Wer Fabelhaftes sehen oder erleben will, muss zuweilen einen kleinen Fußweg dorthin in Kauf nehmen. So ist es im Falle des Warndt-Canyons auch. Zum Glück führt hier der Weg durch den Wildpark Karlsbrunn. So lässt sich Notwendiges mit tierisch Schönem verbinden.

Startpunkt für die Tour ist der Kiosk am Wildpark. Von hier folgt man für etwa 2,5 Kilometer den Schildern des Saarland-Rundweges. Weidende Zwergziegen und gar nicht mal so scheues Dam- und Sikawild laden hier immer mal wieder zu einem Päuschen ein. Später wird der Weg schmaler. Die Strecke führt durch dichten Warndt-Wald. Bäume, Büsche, Farne, all das viele Grün ist heimelig. Mit Erreichen der Aussichtsplattform wird das anders, schlagartig ist es strahlend hell und weit. Das ist ein eindrucksvoller Kontrast und eine echte Überraschung. So wirkt die Landschaft, umrahmt von blauem Horizont, noch imposanter. Der Rundumblick auf das Areal des ehemaligen Steinbruchs Carrière Barrois ist faszinierend. Wuchtige rote Sandsteinfelsen, dazwischen Seen, schroffe Formationen und grandiose Abhänge. Was für ein Farbenspiel.

Die Plattform liegt auf der deutsch-französischen Grenze. Auf französischer Seite erstreckt sich ein ehemaliges Bergbaugebiet. Hier wurde einst Sand abgebaut, um die regionalen Kohlegruben aufzufüllen. Heute ist aus dem Gelände ein Naturerholungsgebiet geworden. Die Spuren des Abbaus sind hier und da noch zu erkennen, auch wenn es der Natur bereits prächtig gelungen ist, sich ihren Platz zurückzuerobern.

TIPP: Auf französischer Seite lässt sich der Canyon auf der Ebene »erwandern«. Ein guter Startpunkt für diesen Perspektivwechsel ist das Gemeindehaus von Reumaux oder der Parkplatz in Sainte-Fontaine in der Rue Peyerimhoff, zwischen L'Hôpital und Freyming-Merlebach gelegen.

Adresse 66352 Großrosseln-Karlsbrunn, GPS: 49.165509252102794, 6.790636338742223 // **Anfahrt** A 620, Ausfahrt Saarbrücken-Klarenthal, von der Saaruferstraße rechts in Kokereistraße/später L 163, geradeaus auf L 278, links in Ziegelei/später L 278, nach Dorf im Warndt links auf L 276, in Karlsbrunn rechts auf Lauterbacher Straße, links auf Friedhofstraße, Parkplätze am Wildpark Karlsbrunn // **Öffnungszeiten** jederzeit // je nach Fitness ab 4 Jahren

15_IM SELBSTPFLÜCKTRAUM

Der Lieblingsort von Genussjägern

»Ran an die süßen Früchte«, heißt es ab etwa Ende Mai auf den Selbstpflückfeldern des Erdbeerlandes Ernst & Funck in Heusweiler. Der Name »Erdbeerland« stimmt dabei nicht mehr ganz, denn die Palette an Pflückbarem hat sich in den letzten Jahren enorm vergrößert. Ab Anfang Juli startet die Erntezeit für Himbeeren, Brombeeren, Heidelbeeren, Johannisbeeren und Stachelbeeren. All die bunten Früchte hängen in gut greifbarer Kinderhandhöhe, da fällt das Sammeln kinderleicht. Ruckzuck ist das mitgebrachte Körbchen randvoll mit den herrlichsten Beeren. Nach dem Wiegen steht sogleich der erste Genuss-Test an, denn eins ist wohl sonnenklar: Bis zu Hause halten es weder Klein noch Groß aus, nicht von der Beeren-Beute

zu »schnäken«. Vermutlich werden junge Süßexperten beim Probieren feststellen, dass Selbstgepflücktes ganz besonders lecker schmeckt. Kein Wunder, denn frischer könnten die Beeren gar nicht sein. Beim Stichwort »frisch« noch ein Hinweis: Es gibt in Heusweiler nicht nur Beeren zum Selbsternten. Auch Tomaten in verschiedensten Sorten und Größen warten ab Mitte August darauf, zwischen den mannshohen Tomatenstöcken aufgespürt, geerntet und mit nach Hause genommen zu werden.

Damit »Selbstpflücker« keine Saison verpassen, findet sich eine Karte mit allen Selbstpflückfeldern auf der Webseite des Erdbeerlandes. Dort sieht man genau, welche Felder erntebereit sind. So gelingt es, den ganzen Sommer lang immer wieder frisch Geerntetes auf dem Tisch zu haben.

Adresse Holzer Straße 111, 66265 Heusweiler, Tel. 06806/608887 // **Anfahrt** A 8, Ausfahrt Heusweiler, B 268 Richtung Heusweiler, im Kreisverkehr Heusweiler 3. Ausfahrt (Saarbrücker Straße), danach 2. links (Holzer Straße), nach etwa 4 Kilometern linke Einfahrt // **Öffnungszeiten** zu den Erntezeiten auf den Selbstpflückfelder bitte auf der Webseite www.erdbeerlandernst.de informieren

TIPP: Im Herbst geht es in Merzig auf dem Klosterberg mit dem Selbstpflücken weiter (www.obstgut-klosterberg.de). Dort stehen Apfel- und Birnbäume für junge Erntehelfer bereit.

16_DER AQUALIT

Südseetraum im Herz der Stadt

Was ist denn das für eine seltsam silberne Litfaßsäule da mitten in der Innenstadt von Homburg? Wer neugierig ist, sollte seinen Kopf in eins der drei Bullaugen – praktischerweise gibt es ein niedriges für kleinere Kinder – stecken und selbst nachsehen.

Das ist ein Ding! Im Innern dieser ungewöhnlichen Attraktion befindet sich ein Aquarium. Dass rund 1.000 leuchtende Neonfische an dieser belebten Kreuzung in Homburg in aller Ruhe im kühlen Nass planschen und sich von der Hektik der Stadt kein bisschen anstecken lassen, würde wohl niemand beim ersten Blick auf die Litfaßsäule vermuten. Wie es aussieht, fühlen sich die Fischlein pudelwohl. Genauso wie ihre Zuschauer, die mitten im Getümmel des Stadtlebens zum Tiefseetaucher werden und für ein paar Minuten hineingleiten in eine zauberhafte (Unterwasser-)Welt, die Südseeatmosphäre aufkommen lässt.

Die Idee zu dem eher unkonventionellen Fischzuhause entstand auf der Expo 2000 in Hannover. Dort entdeckte der ehemalige Oberbürgermeister Ulmcke eine ausgediente Telefonzelle, die bis zur Decke mit Wasser angefüllt zu einem Aquarium umgebaut war. Begeistert von dieser ungewöhnlichen Idee tat er sich mit den Homburger Stadtwerken zusammen. Gemeinsam entwickelte man die zu Homburg prima passende Variante eines öffentlichen und für alle zugänglichen Aquariums. Dank der Unterstützung der Homburger Aquarienfreunde führt der Fischschwarm seitdem ein sorgloses Stadtleben, wovon man sich mit einem einzigen Blick selbst überzeugen kann.

TIPP: Hoch hinaus mit Aussicht über die Stadt Homburg geht es auf der Burgruine Hohenburg. Mauern, Nischen, Treppen und Ausgucke – das Areal ist ein (Kinder-)Traum und weit besser als jeder noch so gut durchdachte Spielplatz.

Adresse Kreuzung Eisenbahnstraße/Talstraße, 66424 Homburg, barrierefrei // **ÖPNV** Bus 513, 572, Haltestelle Enklerplatz // **Anfahrt** A 6, Ausfahrt Homburg, auf B 423 (Bexbacher Straße) in Richtung Homburg, links in Talstraße, im Kreisverkehr 2. Ausfahrt (Talstraße), weiter bis zur Kreuzung Eisenbahnstraße, der Aqualit befindet sich auf der linken Straßenseite, Parkmöglichkeiten auf dem Enklerplatz // **Öffnungszeiten** jederzeit

17_BEIM STADTPARKMONSTER

Komm und trau dich!

Rutschen sind ein wunderbarer Zeitvertreib für Kinder, gar keine Frage. Im Homburger Stadtpark allerdings braucht es eine gehörige Portion Schneid, um sich dieses Vergnügen zu gönnen, denn bevor die Rutschbahn hinab ins Tal führt, lenkt der Weg erst einmal hinein in das Innere eines Monsterleibs.

Ja, Sie haben sich nicht verlesen. Es geht wirklich in den Bauch eines Monsters. Welcher Monsterrasse Joshi angehört – ob eher weniger gefräßig oder dauerhungrig –, ist dabei schwer einzuschätzen. Die junge Designerin, die 2004 während einer Sommerkreativaktion mit dem Künstler Alexander Lihl das Modell zu diesem ungewöhnlichen Spielgerät entwarf, sprach von einer Mischung aus Drache, Krokodil und Eidechse. Ihr Entwurf landete auf dem ersten Platz und wurde gemeinsam mit Kindern umgesetzt. Während Liehl den Monsterleib kreierte, erschufen die jungen Künstler mit bunten Mosaiken die passende Monsteroptik. Exotisch ist Joshi in jedem Fall, und es ist nicht zu bestreiten, dass er zuweilen arg hungrig aussieht.

TIPP: Eine Discgolf- und eine Beachvolleyball-Anlage sowie eine Skaterbahn und ein Wasserspielplatz befinden sich auch auf dem Areal. Wer dies nutzen möchte, sollte die passende Ausrüstung im Gepäck haben.

Nur Mut. Schon viele Helden haben das Stadtparkmonster erklommen, und alle kamen wieder gut gelaunt heraus. Wagen sich die Drachenbezwinger vor und erreichen das Innerste des Monsters, wird es den Eltern mulmig. Während die Kids Joshis Rachen erklimmen, bleiben sie unsichtbar. Aber alles wird gut – kurz darauf rutschen die jungen Helden mit Schwung aus dem Maul des bunten Riesen. Das macht Gaudi! Mut zahlt sich eben aus.

Adresse Brunnenstraße, 66424 Homburg // **ÖPNV** Bus 513, Haltestelle Stadtpark // **Anfahrt** A 6, Ausfahrt Homburg, auf B 423 (Bexbacher Straße) in Richtung Homburg, links in L 119 (Richard-Wagner-Straße), rechts auf L 120, links auf Brunnenstraße, Parkmöglichkeiten auf dem Parkplatz »Stadtpark Homburg« // **Öffnungszeiten** 8–20 Uhr

18_DAS STORCHENNEST

Lang vermisste Gäste

Wer klappert denn da in der Höhe an der Weiheranlage neben der Beeder Fischerhütte? Etwa ein Storch? Nein, nein, das trifft es nicht ganz. Es ist sogar eine fünfköpfige Storchenfamilie. Die Weißstörche haben den Horst in rund sieben Meter Höhe zu ihrem Reich erklärt.

Während Klein und Groß den Kopf in Richtung Vogelnest recken, haben die schwarz-weißen Vogeleltern die Besucher gleichermaßen im Blick. Man beobachtet sich gegenseitig, und das obwohl Mama-Storch und Papa-Storch in den Sommermonaten alle Hände voll zu tun haben. Oder heißt es bei Störchen »alle Flügel voll zu tun«? Wie auch immer, in jedem Fall fordern die nimmersatten Nesthocker lautstark Futternachschub ein. Das ist unten gut zu hören. Die Eltern begeben sich in die Lüfte und gehen im nahen Umfeld auf Nahrungssuche. Als sie zurückkehren, sind mit einem Mal die Küken auch zu sehen. Gierig strecken sie ihre Schnäbel in die Höhe. Wer sich ein Fernrohr eingepackt hat, sieht trotz gebührenden Abstands den immer hungrigen Nachwuchs von ganz nah.

Den Alltag von Familie Weißstorch mitzuerleben, ist etwas Besonderes. 30 Jahre lang haben die Tiere unsere Region nicht mehr besucht. 1977 zeigte sich zur Freude vieler wieder der erste Storch im Tal der Blies. Ein Jahr darauf fand sich die erste Störchin ein. Da das Biosphärenreservat Bliesgau den Tieren den naturnahen Raum bietet, den sie zum Leben und Brüten brauchen, sind die schwarz-weißen Schönheiten inzwischen keine Seltenheit mehr.

Adresse Ziegelhütte 9, 66424 Homburg-Beeden // **Anfahrt** A 8, Ausfahrt Limbach, Richtung Limbach auf Auf der Windschnorr, rechts auf L 222/Zweibrücker Straße bis zur Gabelung, links auf L 217/Blieskasteler Straße, rechts auf Ziegelhütte, rechts auf In der Mastau (Anliegerstraße)

TIPP: Nicht weit vom Storchennest entfernt liegt das »Beeder Brünnchen« und daneben eine verwunschene Weiheranlage, die noch mehr aufregende Tierbegegnungen verspricht. Schlicht und einfach auf einer der Bänke Platz nehmen und schauen, wer da auftaucht.

19_ DIE WEIHERRUTSCHE

Auf zu luftigen Abenteuern

Für die 170 Meter lange Seerutsche am Jägersburger Weiher braucht es zugegeben ein wenig Courage, aber der Spaß ist garantiert und auch der Stolz über den eigenen Mut, wenn es erst einmal vollbracht ist.

Wer sich das Abenteuer vorab von unten anschauen möchte, hat vom Weiherufer aus die allerbeste Sicht auf das Geschehen. Meist kündigt die nächste Rutschpartie ein ausgelassener Tarzanschrei an, denn bekanntlich macht Schreien Mut. Danach raschelt es in den Bäumen. Das Erste, was man erblickt, sind die Füße, dann taucht der komplette Kletterspezialist aus dem Dickicht auf. Hui, da ist er auch schon über einen hinweg. Fast schneller, als man schauen kann, hat der »Weiherrutscher« die Strecke bis hinüber zum anderen Ufer des Sees bewältigt und verschwindet wieder im Laub der hohen Bäume.

Wer sich in die luftigen Höhen trauen möchte, kann im Hochseil-Parcours des Abenteuerparks Homburg ganz klein – oder genauer gesagt ganz tief – anfangen. Jedes Höhenabenteuer startet mit einer fachkundigen Einführung, denn Sicherheit geht beim Klettern über alles. So arbeiten sich Neulinge auf über 90 Bäumen Schritt für Schritt vor. Von zwei, drei Metern bis hinauf zu 16, wenn man das möchte. Auf den insgesamt 14 Parcours gibt es ausreichend Möglichkeiten, Herausforderungen in der Höhe zu meistern und dabei Vertrauen in die eigenen Fähigkeiten zu gewinnen, um sich irgendwann auch an das Abenteuer Weiherrutsche heranzuwagen.

TIPP: Nach so viel Bewegung an der frischen Luft bietet das Blockhaus direkt neben dem Kletterpark ebenso wie Peters Alm mit Biergarten gemütliche Einkehrmöglichkeiten am See. Beim Letzteren lassen sich auch Tretboote ausleihen, um sich die Weiherrutscher vom Wasser aus anzuschauen.

Adresse Kleinottweilerstraße 148, 66424 Homburg-Jägersburg, Tel. 06841/7030257, www.abenteuerpark-homburg.de // **Anfahrt** A 6, Ausfahrt Homburg, auf B 423 in Richtung Bexbach, rechts weiter auf B 423/Jägersburger Straße, die B 423 führt direkt zum Jägerburger Weiher, Parkplätze vor Ort // **Öffnungszeiten** Fr 12–19 Uhr, Sa, So und Feiertage 10–19 Uhr, in den Ferien täglich 10–19 Uhr (alle Zeiten bei entsprechender Witterung) // Parcours in der Höhe ab 8 Jahren, Abenteuer-Insel ab 3 Jahren

20_DER EUTER

Es ist zum Kühemelken

Ob Käse, Milcheis, Quark, Sahne oder Joghurt – aus Milch wird allerlei Leckeres hergestellt, das insbesondere junge Feinschmecker mögen. Daher weiß sicher auch jedes Kind, auf welche Weise (Kuh-)Milch gewonnen wird. Oder etwa nicht? Na logisch, dazu wird der Euter einer Kuh gemolken.

Dass es gar nicht so leicht ist, einem Kuheuter Milch zu entlocken, können Nachwuchs-Landwirte an der Fischerhütte am Weiher des Angelsportvereins Hirzweiler feststellen. Dort steht nämlich eine Melkstation mit einem Übungseuter für erste Melkversuche. So eine Euterattrappe ist dafür genau das Richtige, denn die geduldige Kuhdame vor Ort hält hundertpro still und ist nicht allzu zimperlich.

Bei den ersten Melkversuchen wird eins schnell klar: Nur mit einer tadellosen Technik kommt man an die Milch – oder im Falle der Übungskuh in Hirzweiler an das eingefüllte Wasser. Manchmal braucht es einen langen Atem, doch irgendwann, früher oder später, hat jeder Melker den Dreh raus. Dabei kann die kurze Beschreibung an der Kuh-Attrappe eine echte Hilfe sein. Wenn es das erste Mal aus einer der vier Zitzen tröpfelt oder vielleicht sogar spritzt, ist großer Jubel angesagt. Mit einem kleinen Sandkasteneimer im Gepäck ist zugleich auch ein lustiger Melkwettbewerb möglich. Wer hat den Dreh raus und wird Melkmeister? Den begehrten Titel erhält, wer innerhalb von einer Minute vom Modell-Euter die größte Menge an Flüssigkeit abzapfen kann. Ran an den Euter – fertig – uuuuund los!

TIPP: Eine freundliche Ziegenherde geht ein paar hundert Meter weit vom Angelweiher ihrem Job als Landschaftspfleger in der ehemaligen Kiesgrube Hirzweiler-Welschbach nach (GPS: 49.40192162921663, 7.094358358491237).

Adresse Faulenbergstraße 14A, 66557 Illingen-Hirzweiler // **Anfahrt** A 1, Ausfahrt Illingen, rechts auf L 141 Richtung Illingen, im Kreisverkehr 1. Ausfahrt (Hauptstraße), im Kreisverkehr 2. Ausfahrt (Provinzialstraße), links auf L 141 bis Welschbach, am Ortsausgang links (schmale Straße), Weg bis zum Angelweiher des ASV Hirzweiler folgen, bitte langsam, den Weg nutzen viele Spaziergänger // **Öffnungszeiten** jederzeit

21_DIE STREICHELSCHAFE

Kuschelalarm statt Rumgezicke

In der Schafherde der Familie Weingard am Dorfrand von Hirzweiler herrscht, wenn Besuch ins Haus steht, immer tierische Hochstimmung. Junge Gäste werden oft mit einem begeisterten »Bööööööh« begrüßt. Sie sind liebend gern gesehen und das aus zwei guten Gründen: zum einen, weil dann ziemlich sicher ausgiebiges Sich-streicheln-Lassen auf dem Programm steht, und zum Zweiten, weil Kinder meist genauso viel Freude am Füttern haben wie die Schafspelzträger beim Futtern.

Dabei bitte eins beachten: Kinder sollen keine Lebensmittel von zu Hause mitbringen, denn das kann die Tiere krank machen. Futtertüten, mit all dem drin, was für die Gesundheit der heute selten gewordenen Rhönschafe gut ist, finden Besucher vor Ort. In einer Futterkrippe am Rande des Weges steht für kleines Geld spezielles Essen für die Schafe bereit.

Was das Füttern selbst betrifft, gibt es zwei Möglichkeiten: Entweder die Kinder reichen den Tieren die Leckerlis durch den Holzzaun, oder aber es geht hinter einem Gatter in Direktkontakt zu den Schafen. Das Zweite ist für jüngere Kinder, die nicht hundertprozentig standfest sind, nicht die beste Wahl, da die Rhönschafe zwar extrem kinderlieb sind, aber manchmal auch etwas überschwänglich. Doch egal wie, Streicheln lässt sich auf beiderlei Weise, und dabei zeigt sich gleich wieder, wie süß und kuschlig so ein Schäflein ist. Für diesen Besuch sollte also unbedingt ausreichend Knuddel- und Schmusezeit eingeplant sein.

Adresse Faulenbergstraße, 66557 Illingen-Hirzweiler // Anfahrt A 1, Ausfahrt Illingen, auf L 141 in Richtung Illingen, auf Provinzialstraße/ L 141 in Richtung Hirzweiler, links in Hirzbachstraße, in Hirzweiler rechts in Leitenackerstraße, an der Gabelung rechts in Faulenbergstraße, Straße bis zum Gehege (rechte Seite) bergauf folgen // Öffnungszeiten jederzeit

TIPP: Das Hirzweiler Fernsehen ist enorm ökologisch. Statt auf einen Bildschirm sehen Klein und Groß an diesem herrlichen Aussichtspunkt in die Ferne. Der etwas andere Fernsehapparat befindet sich links neben dem Berghof.

22_DAS (ROSEN-) DUFTPARADIES

Vielen Dank für die Blumen

Ein herrlicher Anblick! Es sieht aus, als sei man mitten in einem Märchen gelandet. Kletterrosen, edle Stämmchen und verschiedenste Beetrosen, die Königin der Blumen lässt sich in dem mit viel Liebe gestalteten Rosengarten in Welschbach in all ihrer Vielfalt entdecken. Zwischen den insgesamt 3.000 Rosenstöcken zu wandeln, die in allen Variationen und Farben blühen, ist himmlisch.

Was den Wohlgeruch angeht, hat der Garten nicht weniger zu bieten. Durch die zahlreichen Duftrosen kann man sich stundenlang »hindurchschnuppern«. Wer ein gutes Näschen hat, wird feststellen, dass jede Rose eine Nuance anders riecht. Manche sehr süß, ja fast schwer, andere eher frisch mit einer feinen Zitronen- oder Pfirsichnote. Sogar nach Gewürznelke oder Veilchen duften manche Blüten. Ein spannender Auftrag für Kinder ist es, ihre Lieblingsduftrose zu finden, oder besser gesagt »herauszuschnüffeln«. Keine leichte Aufgabe bei der duften Auswahl.

Mindestens zweimal die Woche sind die Rosenfreunde selbst vor Ort. In den sonnigen Monaten immer Dienstag- und Freitagnachmittag. An diesen Tagen ist ein Besuch besonders lohnenswert für junge Gäste, denn die Rosenfachmänner und -frauen des mittlerweile 110 Jahre alten Vereins zeigen und erzählen gern, wie Rosen veredelt, vermehrt und zum Blühen überredet werden. Bei alldem sollten Kinder ein Sprichwort nicht vergessen: Keine Rose ohne Dornen. Deshalb ist es klug, die Königin der Blumen mit Achtung und ein wenig Vorsicht zu behandeln.

TIPP: In Hirztal, gleich neben Welschbach, dreht sich alles um Käse. Die einzelnen Arbeitsschritte bei der Herstellung des Hirztalers lassen sich an Schautagen in der Käserei hinter Glas mitverfolgen. Termine sind unter Tel. 06825/4060740 zu erfahren.

Adresse Kupferne Hölle, 66557 Illingen-Welschbach, barrierefrei // Anfahrt A1, Ausfahrt Illingen, auf L 141 in Richtung Illingen, auf Provinzialstraße/L 141 in Richtung Welschbach, von der Welschbachstraße rechts auf Karlsstraße, an der Gabelung rechts auf Jungwaldstraße, links auf Kupferne Hölle, Straße bergauf bis zum Garten folgen, Parkplätze vor Ort // Öffnungszeiten jederzeit

23_DAS FROSCHMAUL

Ich find dich, du Lurch!

Der Kirkeler Wald beherbergt eine ganze Reihe obskurer Steinobjekte: Da gibt es den Unglücksfelsen, die Hollerkanzel und den Wasserfelsen. Zwischen all diesen Felsriesen aus Buntsandstein ist das Froschmaul besonders besuchenswert. Um zu ihm zu gelangen, sind einige Schritte und Höhenmeter zu bewältigen. Zum Glück ist der Weg, der am Naturfreundehaus Kirkel startet, so großartig, dass gar keine Zeit bleibt, müde Beine zu bekommen. Durch ein hölzernes Eingangsportal geleitet der erlebnisreiche Pfad über etwa einen Kilometer den Hirschberg hinauf. Wer der Beschilderung »Tafeltour« folgt, kann das Froschmaul gar nicht verpassen.

Die riesenhafte Schnute des Quakers ist schon aus der Ferne zu sehen. Jetzt nur die Ruhe! Wer argwöhnt, der Riesenfrosch könne hier ausharren, um auf delikate Gäste zu lauern, dem sei versichert: Der Kirkeler Steinforsch würde auf gar keinen Fall zuschnappen! Das riesige Tier ist völlig harmlos und an Menschen gewöhnt. Das ist sogar wissenschaftlich belegt, denn in der Felsennische – die mit den beeindruckenden Gelb- und Rottönen – haben einmal Menschen gelebt, davon zeugen die Ausbuchtungen im Fels. Forscher nehmen an, dass sich Köhlerfamilien dort eine Bleibe gebaut haben, um vor Ort Holzkohle zu fertigen. Wahrscheinlich hatten es sich die Familien damals in einer Hütte aus Reisig, Holz und Laub, geschützt durch das hervorspringende Froschmaul, gemütlich gemacht. Das hätte wohl nie im Leben jemand getan, wenn der Frosch gefräßig wäre. Ist doch logo – quak.

Adresse Limbacher Weg, 66459 Kirkel-Neuhäusel, GPS: 49.287025473832884, 7.2442344987558105, Lauschtour unter: www.saarpfalz-touristik.de/erlebnisse/freizeittipps/lauschtouren // Anfahrt A 6, Ausfahrt Rohrbach, auf L 119 Richtung Kirkel, im Kreisverkehr 2. Ausfahrt auf L 119/Kaiserstraße, in Kirkel rechts in Zum Naturfreunde Haus, Parkplätze auf dem Wanderparkplatz des Naturfreundehauses, 15 bis 20 Minuten Wanderzeit bis zum Froschmaul // Öffnungszeiten jederzeit

TIPP: Der nicht weit entfernte Wasserfelsen, an dem stetig Wasser herabtröpfelt, bietet an frostigen Tagen ein spannendes Naturschauspiel: Die Wassertropfen wachsen zu meterlangen Eiszapfen heran.

24_IM NATURBAD

Direkt aus der Quelle

Jeder nach seinem Geschmack: Kleopatra badete einst in reinster Eselsmilch, die Neuhäusler pflegen in echtem Tafelwasser zu baden. Das ist kein Scherz. Das Quellwasser, mit dem sich das Naturfreibad speist, wird tatsächlich auch als Mineralwasser im Handel angeboten. Da das Freibad durch die Quelle immer mit frischem Wasser versorgt ist, braucht es für das Schwimmvergnügen in Neuhäusel nicht das kleinste bisschen Chlor. Natur pur heißt es hier!

Doch das ist nicht das einzig Erfreuliche im Neuhäusler Schwimmbad. Wenn es im Sommer im Bad nicht gerade proppevoll ist, ist vieles erlaubt, was in anderen Anlagen aus Platzmangel ungern gesehen wird. Luftmatratzen, kleine Boote, Wasserbälle und Spieltiere, das ist alles möglich. Die Becken sind so weitläufig, dass man sich prima aus dem Weg gehen – oder besser gesagt aus dem Weg schwimmen – kann. So begegnet man in Neuhäusel auch schon mal dem weißen Hai in Gummiformat oder einem Einhorn als Reittier.

Was das Thema Liegewiese angeht, haben die Badegäste ebenfalls Glück: Viel Freifläche, Ruhe und ausreichend Schattenplätze sind vorhanden, ebenso wie ein gepflegter Spielplatz und ein Volleyballfeld. Ach, und nicht zu vergessen, ein gemütlicher Kiosk mit familienfreundlichen Preisen – hier macht Sommer sogar noch ein bisschen mehr Spaß!

Ein kleiner Tipp für Fußempfindliche: Wer zartbesaitete Füße hat, sollte Badeschuhe einpacken, denn der Beckenboden ist ebenfalls Natur, und die Kiesel piksen ein wenig an den Fußsohlen.

Adresse Unnerweg, 66459 Kirkel-Neuhäusel, Tel. 06849/6344 // **Anfahrt** A 6, Ausfahrt Rohrbach, auf L 119 in Richtung Kirkel, im Kreisverkehr 2. Ausfahrt (L 119/später Kaiserstraße), im Kreisverkehr in Kirkel 1. Ausfahrt (Unnerweg), links zum Parkplatz // **Öffnungszeiten** nur im Sommer geöffnet, in der Hauptsaison 9–20 Uhr, ansonsten 9–19 Uhr, da wetterabhängig, bitte vorab erkundigen

TIPP: Für all die, die ihr (Schwimmbad-)Wasser natürlich mögen, gibt es im Saarland eine Reihe von Bademöglichkeiten. Unter anderem im Parkbad in Wadgassen, in Primstal sowie in Weiskirchen und im Naturbad Heilborn in Merzig ist im Sommer chlorfreies Schwimmen angesagt.

25_DAS KIRKLER VERLIES

Wo das Burgmonster grummelt

Wie bitte? Das ist doch nicht dein Ernst! Du willst nicht glauben, dass in der Kirkeler Burg ein Grummel-Monster sein Unwesen treibt? Tja, in dem Fall musst du dich wohl selbst von dessen Anwesenheit überzeugen. Aber sag später bloß nicht, keiner hätte dich vor dem Ungeheuer gewarnt!

Auch wenn auf den ersten Blick auf dem Bergplateau alles völlig harmlos erscheint, um nicht zu sagen fast schon idyllisch, lass dich nicht davon täuschen.

Von dort oben hast du einen phantastischen Blick auf die Landschaft. Vom Wehrturm aus, den du über eine Reihe von Treppen besteigen kannst, sogar einen noch besseren. Die gesamte Kirkeler Burg ist beeindruckend. »Ist doch alles prima, wie vermutet war das mit dem Monster wieder nur so eine Geschichte, die wer erfunden hat«, folgert da vielleicht der ein oder andere Ritter oder eine Drachenkämpferin.

Ha, denkste! Da liegst du falsch. Das Monster wartet nämlich unten am Fuße der Burg. Es ist geduldig, und es ist ganz und gar nicht dumm. Besucher lässt es erst immer ein paar Schritte näher kommen und sich in Sicherheit wiegen. Wenn sie schon gar nicht mehr damit rechnen, dass etwas geschehen könnte, erklingt das schauerliche Grummeln aus dem Verlies. Aber keine Sorge! Auch wenn es furchterregend klingt, niemandem wird etwas passieren. Die Kirkler haben ihr Monster gut im Griff und in sicherer Verwahrung.

TIPP: Mittelalterlich-deftige Speisen erhalten kleine und große Burgherren und Burgfräulein in der Burgschenke. Bei einem Arme-Ritter-Steak oder einem Burg-Scheißerle ist die Monsterbegegnung schnell verdaut, und die leeren Ritterakkus sind auch wieder aufgeladen.

Adresse Schloßbergstraße, 66459 Kirkel-Neuhäusel, www.kirkeler-burg.de // Anfahrt A 6, Ausfahrt Rohrbach, auf L 119 in Richtung Kirkel, im Kreisverkehr 2. Ausfahrt (L 119/Kaiserstraße), rechts in Kohlroterweg, am Ende der Straße rechts auf Limbacher Weg, an der Gabelung zur Burgstraße liegt ein Parkplatz, zu Fuß der Burgstraße zur Schloßbergstraße folgen, 5 bis 10 Minuten Fußweg // Öffnungszeiten jederzeit

26_DIE ALTE EIBE

Elfenstimmung unterm Nadeldach

Die Allergrößte ist sie mit 14 Meter Höhe nicht, doch die Alte Eibe am Hofgut »Schloss La Motte« ist trotzdem eine Rekordhalterin. Mit geschätzten 800 bis 1.000 Jahren dürfte sie der älteste Baum des Saarlandes sein.

Das ist ein stolzes Alter, deshalb setzten sich der Historische Verein Lebach und die auf dem Gut ansässige Familie Brodbach dafür ein, dass ein Fußweg zu Ehren der Eibe gestaltet wurde. Hübsch ist der Pfad geworden, der zwischen Gattern über eine kleine Brücke und eine weite Wiese hin zu zwei Schautafeln führt, die mehr über die Alte Eibe erzählen. Beispielsweise, dass sich das Holz von Eiben ausgesprochen gut zum Bau von Pfeil und Bogen oder Armbrüsten eignet. Nadeln, Früchte und Kerne wurden früher zur Herstellung von Pfeilgift genutzt. Wegen dieser Eigenschaften wurde die Eibe viele Jahre überholzt und wird heute auf der Roten Liste der gefährdeten Arten geführt.

Beim Nähertreten an die Rekordlerin könnte man zuerst enttäuscht sein. Von außen mutet die Eibe unspektakulär an. Tritt man jedoch durch die Tür am Jägerzaun – vorsichtig, denn die Eibe ist wie erwähnt giftig – unter ihr Nadeldach, wechselt der Eindruck. Die Atmosphäre wird anders. Mit einem Mal erinnert die Umgebung an einen Elfenwald. Mit ihren knorrigen Wurzeln, dem ausladenden Astwerk und dem rötlichen Stamm erschafft die Eibe eine einzigartige Welt, und nun sind Klein und Groß doch beeindruckt von diesem unglaublich alten Baum, der seit ewigen Zeiten völlig gelassen an immer gleicher Stelle ausharrt.

Adresse Mottener Straße, 66822 Lebach // Anfahrt B 268 in Richtung Lebach, im Kreisverkehr Lebach 2. Ausfahrt (B 269), an der Kreuzung links, B 268 bis zum Kreisverkehr am Autoland Lebach folgen, hier 3. Ausfahrt (L 336), im Kreisverkehr 2. Ausfahrt (L 336), nach 600 Metern kleiner kostenfreier Parkplatz auf der linken Seite, Eingang zum Fußweg »Alte Eibe«

TIPP: Der Haifischpfad in Rümmelbach erzählt auf kinderfreundlichen 3,5 Kilometern von den tropischen Zeiten Lebachs und einem Süßwassersee, der dreimal so groß wie der Bodensee war.

27_DIE KALTENSTEINE

Legendär und mystisch

Als Stein kann man vermutlich schon stolz wie Oskar sein, der Anstoß wenigstens einer Sagengeschichte zu sein. Das war den Kaltensteinen auf dem Hoxberg aber offenbar noch nicht genug. Um die mächtigen Felsen, die das stattliche Alter von 270 Millionen Jahren erreicht haben, ranken sich gleich zwei Sagen, und beide sind es wert, erzählt zu werden.

Der Hexensage nach sollen die Kaltensteine um die Wende zum 16. Jahrhundert ein Hexentreffpunkt gewesen sein. Noch mehr sogar: Es heißt, die Steine bildeten das Zentrum ihres magischen Treibens. Hier fanden gespenstige Zeremonien statt, und selbst mit dem Teufel soll man im Bunde gewesen sein.

Die zweite Sage handelt von einem keltischen Schatz. Laut derer liegen prachtvolle Edelsteine in einer verborgenen Höhle unter den Kaltensteinen versteckt. Wer jetzt meint: »Da graben wir mal los!«, sollte wissen, dass die Kostbarkeiten von den Kaltensteiner Zwergen aufs Strengste bewacht werden. Einmal im Jahr stünden die Chancen allerdings gut, auf ewig reich zu werden: Wenn die Dreifaltigkeitskirche in Lebach am Karfreitag von selbst läute, soll am Hoxberg Wundersames eintreten. Mit einem Mal würden sich die Kaltensteine erheben und um die eigene Achse drehen. Der Schatz läge frei, und die Gelegenheit für einen Zugriff sei günstig, so die Sage. Doch auch wenn nicht gerade Karfreitag ist, lohnt sich ein Spaziergang zum Hoxberg und zu den Kaltensteinen. Sagenhaft ist es in der Tat, denn dieser Ort hat einen einzigartigen Zauber.

TIPP: Einen Hauch Asien finden Familien in der Gartenanlage am Lebacher Theelufer. Bezaubernd ist die rote, achteckige Pagode, die in die vier Haupthimmelsrichtungen und Zwischenrichtungen weist, als Symbol dafür, dass an dieser Stelle Gäste von überall zusammenkommen sollen.

Adresse Wanderparkplatz Kaltensteinpfad, Provinzialstraße, 66822 Lebach-Zollstock // **Anfahrt** B 268 in Richtung Lebach, vor Lebach links auf L 142 durch Eidenborn bis Zollstock, in Zollstock rechts in Provinzialstraße, Straße bis zum Waldparkplatz folgen, die Kaltensteine liegen etwa 300 Meter entfernt auf dem Wanderweg »Kaltensteinpfad« links in Laufrichtung Lebach

LOSHEIM AM SEE

28_DAS MATSCHEPARADIES

Wasser marsch

Das ist doch echt Zucker – oder genauer gesagt Sand. Den finden junge Matschspezialisten auf der 2.000 Quadratmeter großen Spielfläche in Losheim im SeeGarten in rauen Mengen vor. Die zweite Zutat, der es bedarf, um ordentlich Matsch herzustellen, gibt es hier in direkter Stauseenähe natürlich auch.

Der zwischen einer weitläufigen Gartenanlage und dem Strandbad gelegene Losheimer Wasserspielplatz hat damit wirklich alles, was es braucht, um Spaß zu haben. Es spritzt, sprudelt und gurgelt allerorts. Junge Wasserfans haben alle Hände voll zu tun. Durch Wippen oder Schaukeln pumpen sie selbst Wasser in die Becken und öffnen hier und da die ein oder andere Schleuse, damit das kühle Nass seinen Weg findet. Kleine Überschwemmungen gehören zur Tagesordnung. Schnell zeigt sich, dass Wasser nicht immer das macht, was so ein Kinderkopf gern hätte, und dabei lernen Kinder viel über das feuchte Element dazu. Etwa, dass so ein Staudamm beim nächsten Mal noch ein Stückchen höher oder breiter sein sollte oder dass ein kleines Team aus Matschspezialisten für große Matschprojekte von Vorteil ist. Denn gemeinsam klappt es meist am besten.

Das fabelhafte Matsch-doch-mal-nach-Lust-und-Laune-Areal ist nicht nur etwas für warme Sommertage. Tauscht man barfuß gegen Gummistiefel und die Badesachen gegen Regenkleidung ein, dann ist der Losheimer Stausee auch bei nicht so freundlicher Witterung ein prima Ausflugsziel.

Adresse Zum Stausee 198, 66679 Losheim am See, Tel. 06872/609260, www.losheim-saarschleifenland.de // Anfahrt B 268, Ausfahrt Waldholzbach/Losheim Stausee, auf Zum Stausee, kostenpflichtiger Parkplatz rechte Seite etwa 200 Meter nach dem Seehotel, 10 Minuten Fußweg bis zum SeeGarten // Öffnungszeiten täglich 10–19 Uhr (witterungsabhängig)

TIPP: Schon mal »wassergepicknickt«? Nein? Dann aber los. Am SeeGarten-Ufer gibt es eine Sitzecke im See. In sein Brötchen beißen und die Füße ins Wasser strecken – das geht genau hier!

29_DIE GLÄSERNE BACKSTUBE

Schau doch mal rein!

Ran an die Semmeln – und das auf außergewöhnliche Weise. In Niederlosheim, in der Bäckerei Backmol, erleben die Kunden aus nächster Nähe, wie das Brot oder die Weck entstehen, die später zu Hause im Frühstückskörbchen ihr kurzes Dasein fristen. Jeder Gast ist herzlich dazu eingeladen, sich selbst von der Qualität der Waren und der Arbeit des Bäckermeisters zu überzeugen. In der Backmol schaut Bäckermeister Peitz aus einer gläsernen Abtrennung heraus und die Kunden direkt hinein. Ein nettes Miteinander. Wer länger zuschauen möchte, nimmt am gemütlichen Holztisch neben der »Bäckerscheibe« Platz und gönnt sich ein frisches Puddingstückchen oder ein Stück Kuchen. Zwischen dem Genießen bleibt Zeit, um dabei zuzuschauen, wie mit viel Geschick immerzu neue Backwaren entstehen.

Dass in der Backmol all die leckeren Erzeugnisse noch in Handarbeit und aus hochwertigen Zutaten hergestellt werden, kann man nicht nur sehen, sondern auch schmecken. Backmischungen gibt es in dieser Bäckerei jedenfalls keine. Mehle, Eier und Milch, fast alles stammt direkt aus der Region. »Ebbes von Hei«, das ist das Motto, und die Idee, die dahintersteckt, ist, dass sich die vielen regionalen Produzenten gegenseitig unterstützen. Das funktioniert offensichtlich wunderbar. Ob nun Öle, Gewürze oder Käse, all das wurde im direkten Umfeld produziert. Das ist gut für die Umwelt und schmeckt obendrein auch noch besonders köstlich. Yummy – die Mehrkornstangen sind einer von vielen Geheimtipps.

TIPP: Kennen die Kinder schon das barocke Schloss Münchweiler? Mit den QR-Codes auf den insgesamt 17 vor Ort angebrachten Tafeln wird ein Audioguide aktiviert, der zwar nicht alles, aber doch ziemlich viel über das 270 Jahre alte Landschloss erzählt.

Adresse Niederlosheimer Straße 50, 66679 Losheim am See-Niederlosheim // **Anfahrt** B 268 bis Ausfahrt Niederlosheim, Niederlosheimer Straße bis zur Backmol (linke Seite), Parkplätze vor Ort // **Öffnungszeiten** Di–Fr 8–12.30 und 14.30–18 Uhr, Sa 8–13 Uhr

30_DER BARFUSS-WANDERWEG

Mal richtig auf die Füße treten

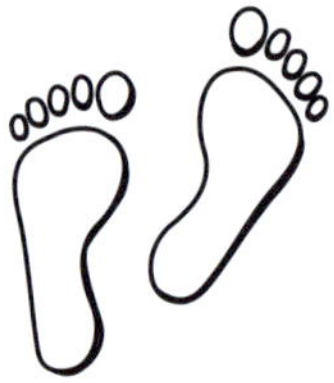

Wer läuft nicht gern barfuß? Zu Hause lieben es zumindest die meisten. Kinder sowieso. Draußen, auf der Straße oder im Wald, ist es fast durchweg umgekehrt. Da geht's nur selten ohne Schuhe voran. Schade eigentlich, denn Barfußlaufen ist äußerst gesund. Schließlich sitzen in den Füßen zahlreiche Reflexzonen, und die mögen es, massiert zu werden.

Gleichwohl, auf dem Barfußweg in Waldhölzbach von einer angenehmen Massage zu sprechen, trifft nicht an allen Stellen zu. Manchmal kostet es auf dem 1,3 Kilometer langen Rundweg schon Überwindung, den ersten Schritt auf große Kiesel oder rauen Rindenmulch zu wagen. Da pikst und kneift es hier und da unter den Sohlen. Doch dafür werden die schuhlosen Gäste kurz darauf mit sehr erfreulichen Passagen für all die Unerschrockenheit entlohnt. Die mit feinem Sand gefüllten Streckenabschnitte erinnern an einen Spaziergang am Strand, und der Weg durch den angenehm flachen, beschaulich plätschernden Hölzbach ist ungemein erfrischend und belebend. Das zaubert jedem Barfußwanderer, ob klein oder groß, ein Grinsen ins Gesicht.

Ein echtes Vergnügen bereitet es außerdem, genau hinzuhören, welche Geräusche die Besucher des Barfußwanderweges verlauten lassen. Eine Vielzahl von Ausrufen kann man da vernehmen. Es reicht von »Ah-Uh« bis hin zu einem überraschten »Oho« oder »He, das fühlt sich aber super an!«. Was immer der Barfußweg bei seinen Gästen hervorruft, eins ist sicher: Er macht müde Lebensgeister putzmunter.

TIPP: Der Teufelsfelsen ist eine markante Felsformation gleich zu Beginn des prämierten Wanderwegs »Felsenweg«. Wer schon etwas älter ist und sich hinaufwagt, darf auf der Sinnesbank-Hollywoodschaukel ganz weit oben Platz nehmen.

Adresse Waldhölzbachstraße, 66679 Losheim am See-Waldhölzbach // **Anfahrt** B 268 Richtung Losheim, Ausfahrt Weiskirchen/ Mitlosheim/Losheim, links auf L 157/Haagstraße, gleich wieder links, vorbei am Igelsbacher Teich bis Waldhölzbach, rechts auf L 373/Waldhölzbachstraße, Parkplätze in Ortsmitte auf dem Wanderparkplatz Felsenweg, der Eingang zum Barfußwanderweg führt am Forellenhof vorbei, kurzer Fußweg // **Öffnungszeiten** jederzeit

31_DER BIENENKORB

Wo man Maja und Willi summen hört

Was wohl im Innern eines Bienenstockes so vor sich geht? Das ist für Kinder nach dem Besuch des Kulturlandschaftszentrums Haus Lochfeld in Wittersheim kein Geheimnis mehr. Bereits beim Anblick des Bienenzuhauses sind viele »ganz aus dem Häuschen«. Alles reine Handarbeit. Drinnen wie draußen. Bei den insgesamt 1.800 Dachschindeln und den 8.000 Astscheiben, die es brauchte, um das ungewöhnliche Haus zu errichten, war jemand bienenfleißig.

Die geflügelten Bewohner tun es den Erbauern gleich und sind in den warmen Monaten rege am Werk. Der zweistöckige Bienenkasten mit gläsernem Ein- und Ausflugtunnel gewährt wenige Zentimeter vom Geschehen entfernt einen recht ungefährdeten Einblick in den Bienenalltag. Emsig geht es im Stock zu. Obwohl Tausende Insekten bei der Arbeit sind, scheint jedes Tier genau zu wissen, was es zu erledigen hat. Honigbienen sind eben hervorragende Teamplayer. Davon, wie sie ihren leckeren Honig fabrizieren, wie lange eine Biene lebt und warum sie als Bestäuber eines unserer wichtigsten Nutztiere ist, erzählen die Informationstafeln an den Wänden des Bienenkorbs. Außerhalb gibt es sogar noch einen weiteren Bienenkasten, der nach dem Öffnen der Holzklappe eine andere Perspektive ins Innere eines Bienenstockes bietet.

Obwohl in Wittersheim fast alle Bienenbegegnungen hinter Glas stattfinden, schadet aufzupassen trotzdem nichts. Honigbienen sind zwar für gewöhnlich nicht aggressiv, doch wenn es um ihr Volk geht, fahren sie schon mal den Stachel aus.

TIPP: Die Landschaft rund um Haus Lochfeld wird nicht umsonst als »saarländische Toskana« bezeichnet. Ein Weinberg mit ökologischem Anbau, Streuobstwiesen, ein Kräutergarten, naturnahe Blumenbeete und ein Bistro mit einer lauschigen Terrasse direkt unter einem Lindenbaum, das hat bestes italienisches Wohlfühlflair.

Adresse Kulturlandschaftszentrum Haus Lochfeld, 66399 Mandelbachtal-Wittersheim // Anfahrt A 6, Ausfahrt Saarbrücken-Fechingen, Richtung Brebach-Fechingen, im Kreisverkehr 2. Ausfahrt (An der Heringsmühle/Flughafenstraße/L 108), rechts auf L 237, links auf L 107, im Kreisverkehr Aßweiler 1. Ausfahrt (B 423), gleich nach Wittersheim rechts, hier entweder auf dem Wanderparkplatz parken und die Strecke zu Fuß erledigen oder dem Weg weiter in Richtung Haus Lochfeld folgen // Öffnungszeiten jederzeit

32_DIE HABICHTSWEIDEN

Tierische Rasenmäher

Wenn Kinder »Labor« hören, kommt ihnen im ersten Moment gewiss nichts Grünes in den Sinn. Viel eher der Gedanke an Reagenzgläser, bunte Flüssigkeiten oder einen Bunsenbrenner. Doch es gibt auch Naturlabore wie den Habichtsweiher, ein 180 Hektar großes Gebiet voller Natur und »wilder« Tiere. Hier, an einem ehemaligen Absinkweiher, hat der Zweckverband LIK.Nord (Landschaft der Industriekultur) eines von mehreren Landschaftslaboren ins Leben gerufen.

»Vogelzug und wilde Weiden« lautet der Name, und die Idee dahinter ist genial. Exmoor-Ponys, eine Herde Taurusrinder und einige Auerochsen übernehmen in diesem Gebiet nach eigenem Gutdünken und Appetit die Landschaftspflege. Das ist weit schonender für die Umwelt als das Mähen mit motorisierten Gerätschaften. Dass die tierischen Rasenmäher ihre Arbeit perfekt verrichten, beweist die Tatsache, dass sich jetzt, da die Fläche weitgehend der Natur überlassen ist, mehr und mehr Vogel- und auch Insektenarten im Umfeld der Habichtsweiden einfinden.

Beim Erkunden dieses ungewöhnlichen Labors lernen kleine Besucher eine Menge: zum Beispiel, was für einen Wert so ein Naturort nicht nur für Tiere und Pflanzen hat, sondern auch für den Menschen. Wo es knirscht und zirpt, quakt und brummt und wo es überall immer dann am schönsten ist, wenn alle harmonisch zusammenleben. Da, wo jeder geschätzt wird und seinen Raum hat, geht es jedem gut.

Adresse Merchweiler, GPS: 49.35692306452921, 7.021836580457915 // Anfahrt A1, Ausfahrt Quierschied, L128 Richtung Quierschied, am Wasserturm links auf Göttelborner Straße, leicht rechts auf Hochstraße/später L266, rechts auf L265, nach der Autobahnbrücke rechts, der schmale Weg führt zu einem kleinen Parkplatz und dem Eingang zu den Habichtsweiden // Öffnungszeiten jederzeit

TIPP: Im Eiscafé Venezia in Illingen gibt es leckeres italienisches Eis, und das ist unbestritten einen Abstecher wert.

33_DER WALDLEHRPFAD ILLGRUND

Macht beim Biber »die Klappe auf«

Die Fragen, die hier an Kinder gerichtet werden, sind nicht immer kinderleicht. »In welches Meer mündet die Ill?«, steht auf einem der bunten Schilder auf dem Wemmetsweiler Naturlehrpfad. Nun, bei dieser Frage kommen auch viele Große erst einmal ins Stocken. Da heißt es als Familie eins und eins zusammenzählen. Die Ill fließt in die Theel, die wiederum in die Prims und die Prims in die Saar. Weiter auf die Reise geht es für das Illwasser in die Mosel. Die strömt bei Koblenz in den Rhein, und dass der Rhein in die Nordsee mündet, weiß fast wieder jedes Kind.

Auf dem 1,5 Kilometer langen Pfad entlang der Ill lernen somit nicht nur die Jüngsten Neues über die regionalen Gegebenheiten und die Natur dazu, auch die Großen erfahren jede Menge. Um zu wissen, ob man mit seiner Lösung richtigliegt, heißt es an den zehn auf der Strecke verteilten Lerntafeln »Klappe auf!«. Dahinter stehen die Antworten und oft auch lustige Details. Über den Rundweg durch den Illgrund führt Berti, der Biber, der nicht müde wird, von seinem Zuhause zu erzählen, während die Strecke über hübsche Stege und vorbei an Weiden und Feuchtbiotopen führt.

Nach einer Stunde sind alle wieder da, wo sie gestartet sind – mit dem Unterschied allerdings, dass die ganze Familie jetzt weit mehr über die schöne Region sowie die Tiere und Pflanzen im Umfeld der Ill zu erzählen hat. An der frischen Luft sein, Spaß haben und dabei noch was lernen – das ist in Wemmetsweiler ein Kinderspiel.

TIPP: Im Rosengarten Merchweiler blühen alle Jahre wieder rund 3.500 dufte Rosen. Dort finden Familien sowohl Verköstigung als auch eine Minigolfanlage.

Adresse Pastor-Erhard-Bauer-Straße, 66589 Merchweiler-Wemmetsweiler // **Anfahrt** A 8, Ausfahrt Merchweiler, auf L 127, im Kreisverkehr 2. Ausfahrt (Hauptstraße), durch Merchweiler, versetzt geradeaus auf In der Wolfskaul, später Bildstockstraße, im Kreisverkehr Wemmetsweiler 2. Ausfahrt (Schulstraße) bis Pastor-Erhard-Bauer-Straße, Parkplatz gegenüber der Kirche, der Startpunkt liegt unterhalb des Pfarrhauses // **Öffnungszeiten** jederzeit

34_DER IRRGARTEN AUS MAIS

Es gibt immer einen Weg

Dies ist ein Eldorado für junge Schlitzohren, die vor keinem Abenteuer zurückschrecken. Mit 30.000 Quadratmetern hat das Maislabyrinth am Ufer der Saar in Merzig eine Gesamtfläche von mehr als vier Fußballfeldern. Das ist schon was! Anders jedoch als auf dem Fußballplatz finden Kinder hier keinen grünen Rasen vor, sondern Mais und Mais und noch mehr Mais.

Der Dschungel aus Maiskolben, Rispen und mannshohen Halmen macht es den jungen Helden nicht leicht, ist aber auch die Herausforderung und das große Vergnügen im Labyrinth. An jeder Abzweigung muss eine Entscheidung getroffen werden. Das 3,5 Kilometer lange Wegenetz lenkt dabei mitten hinein in das Zentrum des über Monate gewachsenen Irrgartens. Bis der Weg nach draußen gefunden ist, kann es gut und gern anderthalb Stunden dauern, denn ein lustiges Suchspiel führt in fast jeden Winkel des Labyrinthes. Mit einem begeisterten »Jippie, wir haben es geschafft« erreichen die jungen Abenteurer schließlich den Ausgang. Den Irrgarten bewältigt zu haben, macht stolz und glücklich. Nach Hause geht es danach höchstwahrscheinlich noch längst nicht, denn draußen laden eine gemütliche Terrasse sowie eine Strohburg und Trampolinanlagen zum Sehr-viel-länger-Bleiben ein.

Auf der Maisalm finden auch originelle Events und Extra-Termine wie Gespensterabende und Schatzsuchen statt. Ab und zu einen Blick auf die Webseite zu werfen, lohnt sich also.

Adresse Saarwiesenring-Leinpfad, 66663 Merzig, Tel. 0151/50200244, www.maisalm.de // **Anfahrt** A 8, Ausfahrt Merzig, auf L 173 Richtung Merzig, auf der Brücke rechte Ausfahrt »Sport- und Freizeitpark«, bitte Beschilderung folgen // **Öffnungszeiten** saisonabhängig (bitte auf der Webseite informieren oder anrufen)

TIPP: Auf der anderen Saarseite, am Blättelbornweg, bietet der kostenfreie Merziger Tier- und Arche-Park alteinheimischen Tierrassen, wie Hinterwälder Rindern oder Thüringer Waldziegen, ein tolles Zuhause. Futtertüten liegen für eine Spende bereit.

35_DAS NOSTALGIE-PFERDCHEN

Inflationsfreies Reitvergnügen

Manches gehört schlicht und einfach zu einer Stadt dazu. Im Falle von Saarbrücken ist es womöglich die Ludwigskirche oder die Alte Brücke, in Saarlouis der Brunnen am Markt und in Merzig ohne jeden Zweifel »das Pferdchen vorm Ronellenfitsch«. Das kennt hier jedermann.

Rund sechs Jahrzehnte harrt das treue Pferd nun schon zum Vergnügen der jungen Merziger Gäste in der Innenstadt aus. Mit dem gutmütigen Schimmel haben zahlreiche Kindergenerationen einen Ausritt unternommen. Ohne müde zu werden, trabt das Tier mit jedem weiteren Reiter ausgelassen auf und davon, auch wenn es schon einige Male generalüberholt werden musste. Ein neuer Sattel war nach derart vielen Reitstunden nötig, da ging es extra zum Sattler. Kleinere Schönheitsreparaturen und etwas polieren gehören für die Mitarbeiter wie selbstverständlich zur Tagesordnung. Im Modehaus pflegt man sein Nostalgie-Pferdchen gern. »Das Schönste ist für uns, wenn Familien mit ihren Kindern zum Reiten kommen und wir hören, wie die Eltern mit Freude aus ihrer Kindheit erzählen, wie dass sie selbst schon aufgesessen haben«, berichtet Andreas Ronellenfitsch mit einem Lächeln auf dem Gesicht. Er ist in vierter Generation am Start, und natürlich hat auch er sich früher auf den Sattel geschwungen.

Übrigens ist der Preis für einen Ritt über all die Jahrzehnte gleich geblieben: Aus einem Groschen für einen Ausritt wurden inflationsfreie fünf Cent. Auch das ist wunderbar nostalgisch.

Adresse vor dem Modehaus Ronellenfitsch, Poststraße 34–36, 66663 Merzig // Anfahrt A 8, Ausfahrt Merzig, auf Merziger Straße Richtung Merzig, an der Ampel geradeaus, an der Gabelung links auf Lothringer Straße, an Ampel geradeaus auf Gutenbergstraße/»Am Gaswerk«, links auf Zum Bauhof, an der Ampel versetzt geradeaus auf Friedrichstraße, Parkplatz rechts im Schmittengäßchen oder links im Parkhaus // Öffnungszeiten Mo–Fr 9–18.30 Uhr, Sa 10–18 Uhr

TIPP: Der Kletterhafen Merzig (www.kletterhafen.de) im Saarwiesenring ist der größte Hochseilgarten der Großregion und bietet auf zehn verschiedenen Klettertouren mit unterschiedlichen Schwierigkeitsgraden auch Kletteranfängern ab 5 Jahren prima Einstiegsmöglichkeiten.

36_DIE SALINE

Gesund eingeatmet

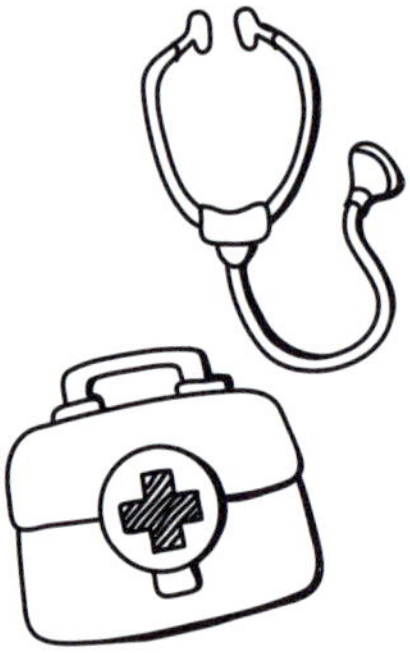

Es gibt zahlreiche Gründe, den Stadtpark in Merzig aufzusuchen: Den einen lockt der Spielplatz mit Wassermatschanlage, Riesenmikado und Kletterspinne. Andere kommen, um staunend unter dem Urweltmammutbaum zu stehen oder um sich an den Sportgeräten für Jung und Alt auszupowern. Manche Parkbesucher wiederum, die sich einfach nur entspannen möchten, nehmen am Herzstück des Merziger Stadtparks, dem Brunnen mit den Wasserfontänen, Platz. In der Parkanlage findet jeder seine Lieblingsecke.

Genau die könnte der Achteck-Pavillon sein, in dem sich ein Gradierwerk verbirgt. Die Saline erzeugt etwas, von dem Eltern, Großeltern sowie Kinder und letztlich jeder nicht genug haben können. Was dürfte das sein? Ja, die Antwort ist gesunde Luft. Die produziert solch ein Gradierwerk in Hülle und Fülle. Lediglich als Nebenprodukt, denn die eigentliche Aufgabe einer Saline ist es, Salz zu gewinnen.

Im Innern des Pavillons sehen Klein und Groß, wie das funktioniert. An den vielen Wänden aus Weiß- und Schwarzdornreisigbündeln tröpfelt Bietzener Heilwasser hinab. Dabei wird es von der umherwehenden Luft erfasst, und es entsteht ein feiner, salzhaltiger Nebel, während die Salzkristalle in den Dornenwänden haften bleiben. So gewinnt man Salz und nebenher heilsame Luft, die der am Meer ähnlich ist und Atemwegskrankheiten lindert. Doch auch wenn man völlig gesund ist, ist ein Besuch vor Ort wohltuend, denn der heilsame Nebel beugt Krankheiten vor – also tief einatmen und genießen.

TIPP: Bietzener Heilwasser ist 5.000 bis 15.000 Jahre alt und enthält eine hohe Konzentration an wichtigen Mineralstoffen und Spurenelementen. Die Quelle liegt direkt an der L 174 zwischen Bietzen und der Saar. Dort sprudelt das Heilwasser aus 160 Metern Tiefe an die Oberfläche.

Adresse Zur Stadthalle, 66663 Merzig, barrierefrei // Anfahrt A 8, Ausfahrt Merzig, auf Merziger Straße Richtung Innenstadt, an der Ampelanlage links auf Zur Stadthalle, links auf den Parkplatz, der Stadtpark befindet sich in unmittelbarer Nähe // Öffnungszeiten Okt.–Mai Mo–So 8–20 Uhr, Juni–Sept. Mo–So 8–21 Uhr

37 _ DIE WASSERSPRINGSCHALE

Da ist Musik drin!

Es ist noch kein Meister vom Himmel gefallen, heißt es doch immer. Bei der patinagrünen Wasserschale im Garten der Sinne, die singen und tanzen kann, lässt sich dies unter Beweis stellen.

Einfach so zeigt die Schale nämlich nicht, was in ihr steckt. Um ihr einen Ton zu entlocken, muss man sie »in Schwung bringen«. Wie bei jedem Instrument braucht es dafür das nötige Fingerspitzengefühl. Durch gleichmäßiges Reiben der angefeuchteten Handinnenflächen an den beiden goldfarbenen Griffen gerät das Wasser in der Schale in Schwingung, so die Theorie. In der Praxis dauert es schon ein Weilchen, bis sich etwas auf dem Wasser tut. Zuerst erklingt ein hauchfeiner Ton. Erste Wellen erscheinen auf der Wasseroberfläche. Jetzt bloß nicht nachlassen und den Rhythmus der Hände beibehalten. Mit jedem weiteren Reiben treiben die Wogen höher zum Rand. Es tobt ein Wassersturm im Kleinformat, und wie von selbst muss man an einen stürmischen Tag am Meer denken.

Im Garten der Sinne erwartet Klein und Groß viel Ausgefallenes. Da gibt es ein rotblättriges Labyrinth, einen Klanggarten, kunterbunte Wildblumenwiesen, eine Hühnerfarm sowie einen Spielplatz mit birnenförmiger Weidenkugel. Da wäre auch noch ein Wasserlauf, in dem sich im Frühjahr Kaulquappen tummeln … Ach, das ist zu viel zum Aufzählen. Schaut einfach selbst mal vorbei!

Adresse Garten der Sinne, Ellerweg 11, Kreuzberg, 66663 Merzig, Tel. 06861/911068, www.gaerten-ohne-grenzen.de, behindertengerechter Zugang, allerdings teilweise Kiesboden // Anfahrt A 8, Ausfahrt Schwemlingen, auf B 51 in Richtung Mettlach, im Kreisverkehr 2. Ausfahrt (B 51), nach 200 Metern rechts in Werner-Freund-Straße, an der Kaserne »Auf der Ell« rechts auf Eller Weg, die Gartenanlage folgt nach den Schrebergärten, Parkplätze vor Ort // Öffnungszeiten 15. Mai–15. Sept. Di–So 9–19 Uhr, 1. April–14. Mai und 16. Sept.–31. Okt. Di–Fr 9–17 Uhr, Wochenenden und Feiertage 11–17 Uhr

TIPP: Nur wenige Minuten entfernt thront die Kreuzbergkapelle über der Stadt und bietet einen phantastischen Blick über Merzig und das Saartal – die Aussicht sollte man sich gönnen.

38_DIE STAUSTUFE METTLACH

Durchgeschleust

Eine Schiffsfahrt zum Naturwunder Saarschleife ist ein Erlebnis. Einer der aufregendsten Momente bei diesem Überwasser-Abenteuer ist die Schleusenfahrt, denn jedes Schiff, ob nun ein Kohlefrachtschiff oder ein Hausboot, überwindet an der Staustufe Mettlach einen Höhenunterschied von elf Metern, was in etwa so hoch wie ein Einfamilienhaus ist. Die Schleuse ist dabei quasi ein Lift für Wasserfahrzeuge, und diese besondere Art des Aufzugs lässt sich an der Staustufe auf zweierlei Weise erleben. Beide Varianten sind faszinierend, nur die Perspektiven sind ein wenig anders.

Mitten im Geschehen sind junge Seemänner und Seefrauen, wenn sie in einem der Ausflugsschiffe wie der »Maria Croon« Platz nehmen und sich »durchschleusen lassen«. Von außen betrachtet ist eine Schleusenfahrt aber fast genauso aufregend. Einen Logenplatz finden Kinder auf der Brücke an der Staustufe. Alles fängt damit an, dass ein Schiff aus Richtung Mettlach das Einfahrtstor in eine Schleusenkammer passiert. Wenn sich darauf das riesige Tor schließt, beginnt das Schauspiel. Zwischen den mächtigen Betonmauern strömt Wasser in die Kammer. Der Wasserspiegel steigt. Ebenso wie das Schiff. Es gurgelt und braust. Gewaltige Wassermassen sind am Werk, um den Pegel an das Oberwasser anzupassen. Ist das geschehen, öffnet sich das zweite, hintere Tor. Das Brummen des Schiffsmotors ist zu hören – geschafft! Auf geht's zur Saarschleife. Auf dem Rückweg wird natürlich noch mal geschleust.

TIPP: Gänse, Enten und Haubentaucher auf einem Weiher beobachten, zwischen exotischen, riesigen Bäumen spazieren gehen und den ältesten erhaltenen Sakralbau des Saarlandes – den Alten Turm – sehen, das alles zusammen ist im frei zugänglichen Abteipark möglich.

Adresse für die Schleuse: Oktavienstraße, 66693 Mettlach-Keuchingen, für die Schifffahrt: Anlegestelle Mettlach Saaruferstraße, 66693 Mettlach, beides barrierefrei // **Anfahrt** A 8, Ausfahrt Merzig-Schwemlingen, auf B 51 nach Mettlach über die Ortsumgehung Besseringen, am Kreisverkehr Mettlach liegt die Anlegestelle für die »Maria Croon«; um zur Schleuse zu gelangen, im Kreisverkehr 2. Ausfahrt (Von Boch-Liebig-Straße) Richtung Brücke, nach der Brücke 1. links in Oktavienstraße, dieser bis Ende der Straße folgen // **Öffnungszeiten** die Schleuse ist immer zugänglich, Ausfahrtszeiten der »Maria Croon« unter www.maria-croon.de

39_DIE SAARSCHAUKEL

Baumeln mit Saarkulisse

Eine Schaukel direkt an der Saarschleife zu errichten, das war eine clevere Idee. Wo doch Schaukeln beste Laune zaubert – das weiß jedes Kind –, und die Saarschleifen-Kulisse macht ebenfalls glücklich. Da braucht man sich nur die vielen Besucher anzusehen, die von weit her anreisen und sich an der schönsten Kurve des Landes gar nicht sattsehen können. Wer sich also hier, wo sich die Saar zu einer Umkehr entschieden hat, auf dem Schaukelbrett niederlässt und Schwung nimmt, dürfte von der ersten Sekunde an im siebten Himmel schweben. Ob das zutrifft, probiert man wohl am besten selbst einmal bei einer ausgiebigen Schaukelpartie aus.

Die Saarschaukel, die zur außergewöhnlichen Ferienunterkunft Saarschleifenlodge gehört, steht jedermann offen. Inmitten des Naturwunders Schwung zu nehmen, das Vergnügen könne man doch wohl niemandem vorenthalten, erklärt Michael Lenz, einer der beiden Inhaber der Lodge. Ausgesprochen gern sind in der Tat junge Saarfans gesehen, denn die sind erfahrungsgemäß Profis auf dem Schaukelbrett.

Perspektivisch ist die Saarschaukel das passende Gegenstück zum Baumwipfelpfad. Von oben sieht man endlos weit, und von hier unten sieht man besonders gut. Mitten im Saartal hin- und zurückzuschwingen, während Schiffe vorbeiziehen und Wellen ans Ufer der Saar gleiten, das ist ganz großes Kino.

Adresse Steinbach 2, 66693 Mettlach-Dreisbach // **Anfahrt** A 8, Ausfahrt Merzig-Schwemlingen, B 51 in Richtung Schwemlingen, an der Kreuzung Särkoverstraße rechts in Richtung Schwemlingen, dort scharf rechts auf In der Schank, weiter auf Nohner Straße, in Dreisbach leicht rechts, am Saarufer entlang bis zur Saarschleifenlodge

TIPP: Wer auf die andere Saarseite möchte, kann eine der zahlreichen (Saar-) Brücken nutzen oder aber in der kleinen Fähre Welles, die nur ein paar Kinderschritte entfernt ankert, Platz nehmen. Eins ist sicher, die Fähre ist die weit spannendere Wahl.

40_DIE HÖCKERLINIE

Ein Weg für den Frieden

Auch wenn es so aussehen könnte, nein, es sind keine Drachenzähne, die da im Wald zwischen Orscholz und Oberleuken aus der Erde ragen. Kamelhöcker sind es ebenso wenig. Die zackenförmigen Betonklötze, die aus dem Boden zu wachsen scheinen, sind ehemalige Panzersperren, die zwischen 1938 und 1940 errichtet wurden. Damit wollte man von deutscher Seite aus feindliche Truppen daran hindern, die Grenze zu durchbrechen. Die Höckerlinie war in jenen Tagen Teil des Westwalls.

An und für sich so gar nichts Erfreuliches – weder für Kinder noch für Erwachsene, könnte man annehmen. Doch das stimmt nicht ganz. Der 3,1 Kilometer lange Höckerlinienweg ist trotz seiner Vergangenheit auf seltsame Weise schön. Von überallher ranken Efeu und Wurzeln über die alten Zeitzeugen. Moos lässt die grauen Steine in zauberhaftem Grün erscheinen, und beim Überqueren des Weges geht es rhythmisch auf und ab. Ein Schritt auf kaltem Beton und der nächste wieder auf hinreißender Natur. Wenn sich Wassergräben zeigen, Stege darüberführen oder der Weg auf Holzbohlen verläuft, wird es sogar richtig abenteuerlich. Auf der für Kinder ab vier bis fünf Jahren leicht zu bewältigenden Rundstrecke ist es so erstaunlich still und friedlich – genau das Gegenteil von dem, was einmal war, und womöglich ist es das, was den Pfad so besonders macht. Die Höckerlinie ist ein Weg für den Frieden, der uns beim Durchwandern daran erinnert, wie dankbar wir sein können, in einer Zeit zu leben, in der solche Sperren einzig Erinnerung sind.

TIPP: Vesper hört sich doch toll an. Auf dem Wanderweg ist ein Abstecher zum Vesperstübchen Wiesenhof möglich. Gut gestärkt, wandert es sich bekanntlich am besten.

Adresse Wanderparkplatz am Bärenfels, 66693 Mettlach-Orscholz // **Anfahrt** A 8, Ausfahrt Merzig-Wellingen, auf L 170 bis Tünsdorf, L 178 bis Orscholz, im Kreisverkehr 2. Ausfahrt (Herrenweg), links auf Brückweg, links auf Moselstraße/L 177, links in Richtung Wanderparkplatz am Bärenfels // **Öffnungszeiten** jederzeit

41_DER ORKELSFELS

Sagenhafter Fernblick

Der Orkelsfels steht am Rande von Orscholz mitten auf einem Wiesengelände. Dabei ist er so sehr von Grün umwoben, dass man sich erst einmal gar nicht so sicher ist, was sich da im Innern versteckt. Das ist großartig, denn umso überraschter sind junge Wanderer, wenn sie unter all diesem Wildwuchs die imposante Felsformation in weißgrauer Farbe aufspüren.

Es gibt eine Legende, die besagt, dass an diesem Ort einst eine Burg stand. Erbauer soll der Franke Orko gewesen sein, derjenige, der Orscholz seinen Namen gab. Dass es diese Festung wahrhaft gab, ist zwar nicht bewiesen, aber gut vorstellbar, denn der Weg um den Felsen ist sagenhaft. Der beste Platz, um Ritter und Burgjungfrau oder vielleicht auch lieber Ritterin zu spielen. Besonders abenteuerlich ist die geschwungene Treppe, die auf ein Felsplateau führt. Oben angekommen, ist man der Herr oder – je nachdem – die Frau der Welt. An Weitsicht fehlt es nicht. Die Fahne von Mettlach weht wacker im Wind, und der Baumwipfelpfad an der Cloef ist in der Ferne zu sichten.

Nebenher bemerkt war das Naturdenkmal früher einmal fast doppelt so groß. Nach dem Zweiten Weltkrieg nutzten Anwohner den Orkelsfels als Steinbruch, um ihre Häuser wieder zu errichten. Dreht man demnach gegen Ende noch eine Spazierrunde durch Orscholz, so wandert man an vielen kleinen Bruchstücken des Orkelsfelses vorbei.

Adresse Burgstraße, 66693 Mettlach-Orscholz // **Anfahrt** A 8, Ausfahrt Merzig-Wellingen, auf L 170 Richtung Tünsdorf, am Ortsende Tünsdorf rechts auf L 178, im Kreisverkehr Orscholz 2. Ausfahrt (Herrenweg), rechts in die Metzerstraße, an der Kreuzung rechts in die Burgstraße, geradeaus bis zum Ortsrand, Parken ist auf Höhe einer Bank am Straßenrand möglich

TIPP: Der Abenteuerwald Saarschleife ist ein Spielparadies mitten im Grünen mit einem riesigen Kletter- und Spielangebot, bei dem auch die Großen wieder zum Kind werden. Stärkung findet sich danach im Biergarten an der Futterkrippe direkt am Blumenfels.

42_DAS SAARSCHLEIFEN-TASTMODELL

Das Panorama fühlen

Was ist das typische Motiv, wenn eine Urlaubskarte aus dem Saarland ins Haus flattert? Klare Sache: Das ist die Saarschleife. Um dieses kurvige Naturwunder zu sehen, reisen jährlich über eine halbe Million Gäste an die Cloef. Dass Blinde und Sehbehinderte die phantastische Landschaftsformation nicht erleben können, wollte der Lions Club Saarschleife Orscholz nicht einfach so hinnehmen. Deshalb beauftragte der Verein eine der ältesten Glockengießereien Europas mit einem ungewöhnlichen Anliegen. Man wünschte sich ein 3-D-Tastmodell, das Blinde und Sehbehinderte spüren lässt, wie wunderbar die Saarschleife ist.

Dieser Wunsch wurde Wirklichkeit. Seit 2020 hat das Saarschleifen-Tastmodell seinen Platz direkt neben dem Cloef-Atrium, und nun lässt sich die Saarschleife fühlen. Was ein wichtiger Beitrag zur Inklusion ist, ist auch eine bemerkenswerte Gelegenheit für junge Menschen, sich in das Erleben von Blinden hineinzufühlen. Wie ist es, die Landschaft und ihre Besonderheiten mit den Händen zu entdecken? Welche Eigentümlichkeiten im Umfeld der Saarschleife lassen sich ertasten? Gelingt es den Kindern, den Baumwipfelpfad und die Burg Montclair, die auf dem von der Saarschleife umflossenen Bergrücken liegt, zu finden? Wie fühlt sich Blindenschrift an, und wie heißt die Stadt hinter dem Cloef-Atrium, die man anhand der vielen kleinen Häuser ertasten kann? Am leichtesten fällt es, die Saar zu finden – ihr einmalig geschwungener Flusslauf ist unverwechselbar und nach einem Regenfall sogar als richtiges Wasser zu erfühlen.

TIPP: Die Denkspur ist ein Trimm-dich-Pfad für den Kopf, der direkt neben dem Baumwipfel-Pfad seinen Anfang nimmt. Sie führt auch zur »Kleinen Cloef«, einem nicht ganz so bekannten Aussichtspunkt mit phantastischem Ausblick auf die Saarschleife.

Adresse Cloef Atrium, Cloef-Straße 34a, 66693 Mettlach-Orscholz, barrierefrei // Anfahrt A 8, Ausfahrt Merzig-Wellingen, auf L 170 Richtung Tünsdorf, am Ortsende von Tünsdorf rechts auf L 178, im Kreisverkehr Orscholz 2. Ausfahrt (Herrenweg/Saarburger Straße), am Ende der Straße rechts in Moselstraße, im Kreisverkehr 2. Ausfahrt (Mius-Kiefer-Straße), Straße folgen bis Parkplatz Cloef 2 // Öffnungszeiten jederzeit

43_DIE HOHLE EICHE

Baum mit Innenleben

Das ist mal echt ein dickes Ding: Die etwa 300 Jahre alte, hohle Richteiche, die unterhalb des Hofguts St. Gangolf am Wegrand steht, hat einen Taillenumfang von über sechs Metern. Das macht sie im Saarland zum Baum mit den größten Rundungen. Ob es einer Familie gelingen kann, den riesigen Stamm der Rekordhalterin zu umarmen, wenn alle gemeinsam die Arme ausstrecken und sich die Hände reichen? Einen Versuch ist es wert.

In jeder Hinsicht ist der Umfang der alten Eiche beachtlich, doch das ist nicht ihre einzige Besonderheit. Absolut erstaunlich ist, dass dieser Baum Besuchern nicht nur seine äußere Pracht präsentiert, er lässt auch tiefe Einblicke in sein Innenleben zu. Der monumentale Stamm dieser Baumriesin ist im unteren Bereich ausgehöhlt, und das ermöglicht es Klein und Groß, einmal einen Blick in das Innere eines solchen Kolosses zu werfen. Einsicht gewähren zwei Öffnungen im Baumstamm, die vermutlich durch Astausbrüche entstanden sind. Kinder werden erstaunt sein, wie schön die Eiche von innen aussieht. Helles Sonnenlicht durchströmt das rötliche Holz.

»Hohlsein« hat für Bäume nebenbei bemerkt echte Vorteile, denn auf diese Weise ist der Stamm bei starkem Wind viel biegsamer und bietet weniger Angriffsfläche. Also keine Sorge, die Eiche ist gesund, sonst wäre ihr Laub nicht so üppig. Folglich kann sie noch ein paar hundert Jahre wachsen. Alles im grünen Bereich.

Adresse St. Gangolf, 66693 Mettlach-St. Gangolf // **Anfahrt** A 8, Ausfahrt Merzig-Schwemlingen, auf B 51 Richtung Mettlach über die Ortsumgehung Besseringen, nach dem 2. Kreisverkehr in Richtung Mettlach links in den schmalen Weg, rechts auf dem Wanderparkplatz Montclair parken, 10 Minuten Fußweg zur hohlen Eiche vorbei am historischen Hofgut St. Gangolf, die Eiche steht rechts an einer Wegkreuzung

TIPP: Vom Wanderparkplatz aus führt ein Walderlebnispfad zur Burg Montclair, der jüngeren Kindern den mit 3,5 Kilometern recht langen Fußweg spielerisch erleichtert. Der Weg lohnt sich. Der Blick von den Wehrtürmen der Montclair ist atemberaubend, und im Burgbistro (Öffnungszeiten beachten) im historischen Innenhof ist es supergemütlich.

44_DIE EDELSTEIN-WÄSCHEREI

Die Suche nach dem verlorenen Schatz

Edle Steine finden – klaro, das geht auch im Saarland. Und zwar in Nalbach unterhalb des Litermonts. Dass an diesem Ort, um den so viele Sagen ranken, auch Schätze versteckt sind, wundert eigentlich niemanden. Einer recht neuen Überlieferung nach heißt es, Ritter Maldix habe auf der Jagd nach dem weißen Hirsch hier seine Kostbarkeiten verloren. Fast zur gleichen Zeit wurde auf der Litermontalm ein Berg Sand gesichtet, und manch einer vermutet, dass sich darin der verschollene Schatz verbirgt.

Das klingt doch herrlich, und einen Versuch ist es wert! Einen Eimer voll mit dem berüchtigten Sand erhalten junge Schürfer an der Kasse und ein Waschsieb gleich dazu. Damit geht es zur Edelsteinwäscherei. Das erste »Oh« erklingt: Der Wasserlauf, der über hölzerne Rohre und Weinfässer zu drei Edelsteinbecken unterschiedlicher Höhe rinnt, sieht aus wie aus einem Wildwestfilm. Zum Stauen bleibt keine Zeit, der Schatz muss gefunden werden. Besonnen schütten die Kinder den Sand vom Eimer in das Sieb. Unter Wasser waschen sich die feinkörnigen Sandkörner aus und fallen zum Grund. Da folgt wieder ein »Oh«. Etwas hat sich in den feinen Maschen verfangen. Ist das etwa? Ja, kein Scherz, es ist ein Edelstein. Da sind sogar noch mehr. Wie gut, dass es an der Kasse ein Stoffsäckchen und eine Bestimmungskarte für Edelsteine gab. Die Fundstücke werden aus dem Sieb gefischt. Sind sie im Schatzbeutel sicher untergebracht, geht die Suche weiter. Da steht eine Menge Arbeit für die Edelsteinschürfer an.

TIPP: Die Jungschürfer bleiben nach Feierabend bestimmt noch länger im einstmaligen Revier von Ritter Maldix, denn gleich neben der Edelsteinwäscherei liegen eine wunderbar schattige Adventure-Golfanlage sowie eine Verleihstation für geländetaugliche Kickbikes. Das Abenteuer geht weiter.

Adresse Am Litermont 40, 66809 Nalbach, Tel. 06838/51550, www.hotel-litermont.de // Anfahrt A 8, Ausfahrt Nalbach, auf B 269 bis Nalbach, im Kreisverkehr Nalbach 2. Ausfahrt (Hubertusstraße), leicht versetzt geradeaus auf Etzelbachstraße, Straße etwa 2 Kilometer folgen, es gibt einen kostenpflichtigen Wanderparkplatz, Gäste können auf den zum Hotel Litermont gehörenden Parkplätzen kostenfrei parken // Öffnungszeiten täglich 10–20 Uhr

45_MONTIS ABENTEUERWALD

Für Drachenbezwinger und kluge Köpfe

Tja, einfach war gestern. In früheren Tagen konnte man das Drachenbezwingen wackeren Rittern überlassen, heute dagegen nicht mehr. Zumindest nicht in Nalbach. Dort stehen riesenhafte, bestens ausgerüstete Ritter bibbernd neben einem feurigen Drachen und trauen sich keinen Schritt weiter. Da braucht es offenkundig ein mutiges Kind, das couragiert vorprescht und dem Ungeheuer mit einem wilden Ritt, den das Untier so schnell nicht vergessen wird, zeigt, was ein echter Drachenreiter ist.

Beine hochlegen ist danach allerdings noch lange nicht angesagt, denn die Drachenschaukel ist nur eine von insgesamt 21 Stationen im Litermontwald. Der Walderlebnispfad, ein frei zugänglicher Rundweg von 2,5 Kilometern, der mit viel Liebe und Verstand konzipiert wurde, ist eine echte Sensation für Kinder. Ob nun der ominöse Summstein, die Waldhängematte, das Steinlabyrinth oder das übergroße Klettermikado, das den Eindruck erweckt, man sei ein Zwerg – im Nalbacher Wald können sich Kinder mitten in der Natur austoben und ausprobieren. Auf unbeschwerte Weise erfahren sie dabei mehr über die Geheimnisse des Waldes.

Monti, der urige, gut gelaunte Waldgeist vom sagenhaften Litermont, führt zu all den Erkundungen, und genau er lädt auch ganz am Ende all dieser kurzweiligen Erlebnisse dazu ein, für ein Abschlussfoto auf seinem Thron Platz zu nehmen. Am besten mit einem breiten und ungeheuer heldenhaften Lächeln. Cheese!

Adresse Waldparkplatz, Am Litermont 40, 66809 Nalbach // **Anfahrt** A 8, Ausfahrt Nalbach, B 269 bis Nalbach, Kreisverkehr 2. Ausfahrt (Hubertusstraße), versetzt geradeaus auf Etzelbachstraße, dieser für etwa 2 Kilometer folgen, kostenpflichtiger Parkplatz beim Einstieg // **Öffnungszeiten** ganztägig

TIPP: Das Gipfelkreuz mit Weitblickgarantie, Telegrafenstation und Weidendom ist ein weiteres Highlight ganz oben auf dem Litermont.

46_DAS QUAKOFON

Froschmusik in Stereo

Im Froschparadies Nalbach geht es ganz und gar klassisch zu. Da begrüßt der Froschkönig aus Grimms Märchen die jungen Wanderer und stimmt somit gleich aufs Thema ein. Wer darauf den Holzsteg betritt, der kurvenreich durch die Talsohle führt, ist auch schon so gut wie im Reich der Frösche angelangt. In der ehemaligen Sandgrube haben es sich die grünen Quaker in den letzten Jahren gemütlich eingerichtet. Froschparadies – passender könnte der Name für das Feuchtbiotop gar nicht sein. An diesem Ort lebt es sich offenbar sehr gut, denn er ist zur

Heimat für zahlreiche seltene und geschützte Pflanzen- und Tierarten geworden. Insbesondere Frösche, Kröten und Lurche fühlen sich hier wohl.

Gegen Besucher haben die grünen Bewohner nichts einzuwenden. Gäste sind gern gesehen, solange sie die Wege nicht verlassen, denn das Feuchtbiotop ist Laichgebiet, und der Nachwuchs soll, das versteht sich von selbst, ungestört aufwachsen. Manchmal, wenn die Frösche äußerst guter Laune sind, geben sie ein Froschkonzert zur Unterhaltung der Wandergäste. Die Quaksinfonien sind der Hit. Damit Jung und Alt das Event in bester Qualität genießen können, haben Lehrlinge der Dillinger Hütte ein sehr ungewöhnliches Gerät erschaffen: das Quakofon. Es ist womöglich einzigartig auf dieser Welt. Genau wie das Froschparadies.

TIPP: In der Nähe, im Kupferbergwerk Düppenweiler, geht es klangvoll weiter. Die Untertage-Toninstallation »Mystallica« ist ebenfalls nicht alltäglich.

Nach dem Aufstieg ist der weite Blick über das Reich der Frösche schlichtweg atemberaubend. Falls die junge Damenwelt ihr Glück beim Froschkönig versuchen will, jetzt ist noch Gelegenheit, sich einen Prinzen zu »erküssen«.

Adresse Wanderparkplatz, Litermontstraße, 66809 Nalbach // Anfahrt A 8, Ausfahrt Nalbach, auf B 269 bis Piesbach, gegenüber Gelände Ahrweiler scharf links in Sportplatzstraße, nach Piesbach, versetzt geradeaus auf Litermontstraße, dieser bis zum Wanderparkplatz (rechte Hand) folgen, hier die Straße überqueren und dem Wanderweg »Litermont-Gipfeltour« für etwa 400 Meter vorbei an der Mariengrotte folgen // Öffnungszeiten von Sonnenaufgang bis Sonnenuntergang

47_DER GROSSE FUSS

Leicht überdimensioniert

Riesig! Was anderes lässt sich nicht sagen, wenn man auf der Straße der Skulpturen auf die Steinskulptur »Großer Fuß« des Japaners Yoshimi Hashimoto trifft. Nur einen Fuß hat der Künstler 1977 »dagelassen«, quasi als ersten Schritt von vielen auf dem Skulpturenweg, der heute 17 Kilometer lang ist.

Beim direkten Größenvergleich zeigt sich, dass der eigene Fuß 30 bis 40 Mal in die Fußstapfen dieses Kolosses passen dürfte. Nachmessen ist erlaubt. Selbst der kleine Zeh reicht Kindern bis zur Hüfte. All diese Hinweise lassen nur einen Schluss zu: Der Mensch, der zu dem Fuß gehören dürfte, muss Hochhausgröße haben. Auf seinen Schultern würde es nur wenige Schritte brauchen, um die Skulpturenstraße mit den 40 steinernen Kunstwerken abzulaufen. Am Ende wäre man am Bostalsee angelangt. Die Vorstellung, der Riese würde hier zum Baden schwungvoll in den See hopsen und mit einem lauten »Platsch« das Ufer fluten, ist lustig.

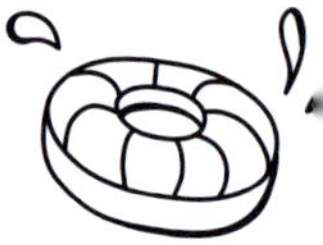

Da allerdings weit und breit kein Hüne in Sicht ist, braucht es die eigenen Füße beim Besuch der Open-Air-Galerie. Mit dem Rad sind die 17 Kilometer leicht zu bewältigen. Am Ende der Strecke lädt in der Tat der Bostalsee zum Baden ein. Dabei bleibt zu hoffen, dass die jungen Wasserhüpfer bei einem Po-Platscher die Geschichte vom Riesen nicht doch noch zur Wahrheit werden lassen, denn die Saarländer lieben ihren hübschen Badesee – vorzugsweise mit Wasser drin.

Adresse Skulpturenfeld, Trierer Straße, 66640 Namborn-Baltersweiler bei St. Wendel, GPS: 49.48647243061228, 7.163319976893198 // **Anfahrt** A 8, Ausfahrt Neunkirchen, B 41 Richtung Ottweiler, auf Höhe Kläranlage Ausfahrt rechts St. Wendel-City, im Kreisverkehr 1. Ausfahrt (Linxweilerstraße), im Kreisverkehr 1. Ausfahrt (Linxweilerstraße/Mommstraße), im Kreisverkehr 2. Ausfahrt (Mommstraße), links auf Kelsweilerstraße/Gudesbergstraße/L 132, links auf Trierer Straße, Parkplatz vor Ort, die Skulptur ist vom Parkplatz aus zu sehen // **Öffnungszeiten** jederzeit

TIPP: Schon mal im Moor gewandert? Nein? Dann ist der Waldlehrpfad in der Niedermoorlandschaft »Oberthaler Bruch« bei Oberthal genau das richtige Ausflugsziel.

48_DER LIEBLICHE TURM

Ei, nun schauet doch diese Pracht

Der aparte Turm der Liebenburg, das Wahrzeichen von Namborn, hat seinen Sitz auf dem 375 Meter hohen Schlossberg. Einst befand sich dort eine mächtige Höhenburg. Die allerdings erlebte eine ganze Reihe von Zerstörungen und Wiederaufbauten. Als am Ende nur noch Ruinen standen, fiel die Liebenburg in Vergessenheit. Wie im Märchen überwucherten Sträucher und Büsche die letzten Überbleibsel. Dank einer glücklichen Fügung am Ende des letzten Jahrhunderts weckten die Namborner die Burg jedoch aus ihrem Dornröschenschlaf. Man verstand, was für ein außerordentlicher Schatz auf dem Schloßberg versteckt lag, und machte sich daran, die Spuren der Vergangenheit wieder freizulegen.

Heute thront ein stolzer Turm, wo einst die Burg stand. Der Zauber des Mittelalters ist wieder an den Schlossberg zurückgekehrt. Steigen dieser Tage holde Jungfern und junge Recken die geschwungene Treppe am Rande des Turmes bis hoch zur Spitze, bekommen sie ein Gefühl dafür, wie erhaben es einst dort oben war. Damals, als noch Rittersleut auf der Liebenburg ihren Sitz hatten und hinab des Landes schauten.

Bei derart viel »Mittelalterlichkeit« haben sich auch wackere Rittergestalten auf den Weg gemacht. So wie Baldemar von Odenbach oder Ludwig von Sötern. Die beiden Mannen werden es nicht müde, die Pracht der einstmals so stolzen Liebenburg zu preisen. Sogar des Nachts führen die Rittersleut um die einst'gen Mauern. Man wähnt, dies sei ein äußerst treffliches Gaudium.

Adresse Zur Burg, 66640 Namborn-Eisweiler, Information zu den Führungen: Tel. 06857/921669 oder 06857/900322, www.hvv-namborn.de oder www.namborn.de // Anfahrt A 8, Ausfahrt Neunkirchen, auf B 41 Richtung Ottweiler, vorbei an St. Wendel, Ausfahrt Richtung Hofeld-Mauschbach, rechts auf L 133/Wiesentalstraße, links auf Schloßstraße, links auf Zur Burg (schmale Straße), Parkplatz am Ende der Straße // Öffnungszeiten jederzeit

TIPP: Der nahe Spielplatz Hofeld ist riesig und reich bestückt mit Spielgeräten für Kinder jeden Alters. Ausgesprochen witzig sind die schwarzen Gummi-Sprungmatten, die mit der richtigen Technik in die Höhe »katapultieren«.

NAMBORN-HOFELD

49_DAS WACHHÄUSLEIN

Stopp – an mir kommt keiner vorbei!

Schmuggler, die waren an der Stelle, an der heute das Wachhaus am Weg nach Hirstein steht, keine Seltenheit. In diesem Gebiet verlief von 1920 bis 1935, als Hirstein zum Deutschen Reich gehörte und direkt daneben das Saargebiet begann, die Staatsgrenze. Deshalb brauchte es Zöllner und selbstverständlich auch ein Wachhäuschen, denn so eine Grenze musste Tag und Nacht und bei Regen und Sonnenschein bewacht werden.

Das Schild mit der Aufschrift »Halt! Diese Straße ist für den Verkehr von steuerpflichtigen Waren gesperrt!« stand damals schon hier. Was für eine super Gelegenheit für junge Gäste, gleich vor Ort ihre Wachqualitäten unter Beweis zu stellen und einen »Grenzübertreter« ins Visier zu nehmen. Im günstigsten Fall einen Erwachsenen, der süße Schmuggelware mit sich führt. Erst werden Pass und Personalien aufs Gründlichste geprüft. Beim leisesten Verdacht gehört das Abtasten der Kleidung zur Tagesordnung. Schmuggler sind nämlich äußerst trickreich beim Verstecken ihrer Ware. Aufgestöberte Süßwaren werden auf der Stelle konfisziert und noch vor Ort von den Zollbeamten »vernichtet«.

Das Hirsteiner Wachhäuschen in schwarz-weißer Sparrenoptik erinnert an die Häuschen der Leibgarde der Queen vor dem Buckingham Palast in London. Das ist das Fotomotiv par excellence: ein junger Saar-Zöllner im Wachhaus beim Strammstehen. Wer einen passenden Hut oder ein zu enges Sakko von Opa oder Papa mit dabeihat, sieht fast original aus. Streng gucken, bitte!

TIPP: Von hier ist der Naturwildpark Freisen mit dem Auto nur eine Viertelstunde entfernt (www.naturwildpark-freisen.de). Elche, Minischweine, Falknerei, Waschbären und viele frei laufende Tiere – da lohnt sich der Weg.

Adresse Furschweilerstraße, 66640 Namborn-Hofeld // **Anfahrt** A 8, Ausfahrt Neunkirchen, auf B 41 Richtung Ottweiler, vorbei an St. Wendel, Ausfahrt Richtung Hofeld-Mauschbach, rechts auf L 133/Wiesentalstraße, links auf Schloßstraße, rechts auf Furschweilerstraße, Parkplatz links am Schützenhaus, von hier nur wenige Meter dem Wegweiser »Schmugglerpfad« folgen // **Öffnungszeiten** jederzeit

50_DIE ERLEBNISFALKNEREI

(J)Uhuuuu!

Eine Falknerei als ein Extrabonbon mitten in einem Tiergarten – nicht schlecht, Herr Specht, kann man da nur sagen. Der Meinung sind Klein und Groß erst recht, wenn sie all die verschiedenen Greifvögel bei einem Rundgang von ganz nah erleben dürfen. Die stolzen Tiere sind eindrucksvoll. Ebenso wie die Anlage auf dem Hochplateau des Neunkircher Zoos. Es ist, als sei man in einer anderen Welt. In einer Welt, in der es völlig normal ist, dass einem Weißkopfseeadler haarscharf über den Kopf hinwegsegeln. Uihuihuih, besser mal den Kopf einziehen! Wer genau hinfühlt, kann den Zugwind spüren.

Solche Momente erleben Familien während der Flugshows, die zweimal täglich stattfinden, öfter. Doch keine Bange, die Tiere sind Asse im Fliegen. Wer den Falknern gut zuhört, erfährt sogar noch mehr. Wie etwa, dass Uhu, Adler und Co. meist Einzelgänger sind und dass nach der Show nicht alle Vögel postwendend heimkehren. Manche nutzen die »Freiflugzeit« für Ausflüge. Früher oder später jedoch kehren die Tiere wieder zurück, denn die Falknerei ist ihr Zuhause, und die Falkner sind ihre festen Bezugspersonen.

Das Drolligste in der Erlebnisfalknerei ist der Nachwuchs. Darauf »fliegen« alle Kinder und die Erwachsenen logischerweise auch. Ob sibirische Uhus oder Malaienkauze, die Nestlinge mit ihren riesengroßen Nachtsichtaugen sind zuckersüß. Noch knuffiger geht gar nicht.

Adresse Zoostraße 25, 66538 Neunkirchen, Tel. 06821/9046998, www.neunkircherzoo.de, barrierefrei // **ÖPNV** Bus 312, 302, Haltestelle Zoo // **Anfahrt** A 8, Ausfahrt Neunkirchen-Oberstadt, im Kreisverkehr 2. Ausfahrt (Zweibrücker Straße), vor dem gleich folgenden Kreisverkehr rechts auf Fernstraße, im Kreisverkehr 1. Ausfahrt (Steinwaldstraße/Waldstraße), links in Zoostraße, Straße folgen, der Eingang zum Zoo liegt rechts, Parkplätze sind links zu finden // **Öffnungszeiten** März–Okt. 8.30–18 Uhr, Nov.–Feb. 9–17 Uhr, Flugshows täglich 11 und 15.30 Uhr

TIPP: Die Zoofalknerei mit dem großen Grillplatz, dem schattigen Spielplatz und dem weitläufigen Freigelände ist ein Eins-a-Ziel für einen tierisch guten Kindergeburtstag.

51_DIE GRAFFITI-MEILE

Komm und sprüh vor Ideen

Aus eintönigen grauen Mauern werden knallbunte Flächen, das ist das Motto an der legalen Graffitiwand in Neunkirchen. An der TUS-Halle im Wagwiesental ist jeder dazu eingeladen, sein Talent als Street-Art-Künstler unter Beweis zu stellen. Großformatige Werke von jungen Menschen sind nicht nur erlaubt, sondern äußert gern gesehen.

Mit 45 Meter Länge und 3,20 Meter Höhe bietet die Hallenwand in Neunkirchen ausreichend Raum und Platz für phantasievolle Ideen und junge Botschaften, die mit Farbe und Pinsel aufgetragen werden oder aus der Spraydose stammen. Da aller Anfang bekannterweise schwer ist, hilft die Stadt mit einer Reihe von Kreativ-Aktionen und Workshops »auf die kreativen Sprünge«. Mehrmals jährlich lädt der Kutscherhaus Verein Graffiti-Künstler ein, die vor Ort zeigen und erklären, was in der Street-Art alles möglich ist.

TIPP: Im Kreativzentrum Kutscherhaus wird viel für junge Menschen geboten: Theaterstücke, Film- oder Musikprojekte, Kunst- und Fotokurse – einfach mal unter www.kutscherhaus-nk.de schauen und stöbern.

Wer weitere Inspiration braucht, ist in Neunkirchen sehr gut aufgehoben. In der City schmücken eindrucksvolle Urban-Art-Werke Häuserfassaden. Wie das mehrere Meter hohe Porträt eines Hüttenarbeiters in der Wellesweilerstraße, das an Neunkirchens Zeit der Eisenverarbeitung erinnert. Das kuriose 3-D-Großflächen-Graffiti des italienischen Street-Art-Künstlers Peeta auf einer Außenwand des Jugendzentrums in der Süduferstraße ist hingegen wenig realistisch, sondern eher Magie. Das sollte man sich unbedingt ansehen: Immer wieder trickst das Werk das menschliche Auge von Neuem aus und beweist dabei, wie viel spannender und bunter Street-Art das Stadtleben macht.

Adresse Haspelstraße 30, 66538 Neunkirchen // **Anfahrt** A 8, Ausfahrt Neunkirchen-Oberstadt, im Kreisverkehr 2. Ausfahrt, im nächsten Kreisverkehr 2. Ausfahrt (Zweibrücker Straße), im Kreisverkehr 2. Ausfahrt (Zweibrücker Straße), rechts in Scheibstraße, links in Steinwaldstraße, rechts auf Zweibrückerstraße/Hohlstraße, rechts in Haspelstraße, an den Sportanlagen rechts, am Fußballplatz vorbei zu den TUS-Hallen, Parkmöglichkeiten vor Ort

52_ DIE WETTERSTATION

Präziser geht's gar nicht

Ob Sonnenschein oder Regen, Sturm, Schnee oder einfach nur Schmuddelwetter, die Wetterstation Münchwies arbeitet allzeit zuverlässig und hoch exakt. An dieser Form der Wetterbestimmung könnte sich mancher meteorologische Dienst ein Scheibchen abschneiden. Eins ist auf jeden Fall sicher, jegliche Aussage, die mit Hilfe dieser unvergleichlichen »Apparatur« getroffen wurde, entsprach bis zum heutigen Tage der Wahrheit. Wirft der Mess-Stein beispielshalber einen Schatten auf den Boden, so scheint die Sonne. Ist seine Oberfläche weiß bedeckt, dann liegt Schnee auf den Straßen, und der Schlitten kann aus der Garage genommen werden.

Der Stein täuscht sich zu keiner Zeit, ein besseres Gerät zur Wetterbestimmung gab es wohl noch nie, und dabei ist die Machart denkbar einfach. Es braucht nur eine lange Schnur, an der ein Stein befestigt ist. Dass sich die Münchwieser Wetterstation auf dem Spitzbubenwanderweg 13/14 befindet, kann bei so viel Spitzfindigkeit kein Zufall sein. Diese Art der Wettermessung wäre auch den beiden Spitzbuben Max und Moritz durchaus zuzutrauen gewesen.

In Münchwies jedenfalls finden Kinder den besten Ort im Saarland, um sich selbst einmal mit einem breiten Schmunzeln auf dem Gesicht als Wetterfee oder Wetterfrosch zu versuchen. Zu hoffen bleibt, dass die beiden letzten Optionen auf der Holztafel, »Stein liegt unten« und »Stein ist weg«, an dieser Stelle niemals zutreffen.

Adresse Kirchstraße, 66540 Neunkirchen-Münchwies // Anfahrt A 1, Ausfahrt Neunkirchen-Oberstadt, im Kreisverkehr 2. Ausfahrt Richtung Neunkirchen (Zweibrückerstraße), rechts in Fernstraße, rechts in die Wellesweilerstraße, im Kreisverkehr 4. Ausfahrt (Rombacherstraße/L 287), L 121 durch Hangard, rechts auf L 116/Lauterbacher Straße, links in die Kirchstraße, die Wetterstation steht auf einer Verkehrsinsel an einer Gabelung // Öffnungszeiten jederzeit

TIPP: Eine nette Einkehrmöglichkeit mit Biergarten und Kinderspielplatz findet sich in etwa vier Kilometer Entfernung am Fuße des 26 Meter hohen Höcherbergturms.

53_DIE WELT DER FLIPPER

Nostalgie zum Losspielen

Was viele Eltern und Großeltern noch bestens aus ihrer Jugend kennen, ist heute fast gänzlich verschwunden: die guten alten Flipper- und Videospielautomaten. Wer das Flipper- und Arcademuseum in Wiebelskirchen mit seinen fast hundert Geräten aus den verschiedenen Jahrzehnten aufsucht, wird sich vermutlich die Frage stellen: warum eigentlich? Flipperspielen macht zweifellos Spaß, und bei den Geräten, die sich bei einem freien Spiel erproben lassen, handelt es sich um wahre Kunstwerke, die eine Menge über die Zeit und technischen Möglichkeiten, innerhalb derer sie erschaffen wurden, zu erzählen haben. Das lässt sich auch beim Lesen der Hintergrundinformation, die zu jedem Gerät erstellt wurden, erfahren. Ob Raumfahrt, schnelle Autos oder Filme wie Indiana Jones, jedes Flipperdesign spiegelt wider, was die Menschen in den vergangenen Jahrzehnten bewegte und faszinierte.

TIPP: Auch für Star-Wars-Fans hält das Flipper- und Arcademuseum ein Highlight bereit: Am Eingang begrüßt Han Solo die Gäste, allerdings auf recht kühle Weise – er ist noch immer in Karbonit eingefroren.

Während die »Großen« im interaktiven Museum in Jugenderinnerungen schwelgen, erlebt die junge Generation die analoge Freizeitkultur früherer Tage, und eins ist klar: Die Zeit fliegt beim Flippern fast genauso schnell davon wie die chromfarbenen Kugeln, um die sich hier alles dreht.

Gästetage mit Kartenvorverkauf finden an jedem dritten Wochenende im Monat statt, junge Gäste sind in Begleitung Erwachsener herzlich willkommen. Wer noch tiefer in der Technik rund um die fantastische Welt der Pinball- und Arcadegames einsteigen möchte, kann als Vereinsmitglied wöchentlich in den Genuss des ungewöhnlichen Museums kommen.

Adresse Saarcade e.V., Schillerstraße 22, 66540 Neunkirchen-Wiebelskirchen // **Anfahrt** A 8, Ausfahrt Neunkirchen, auf B 41 Richtung Idar-Oberstein, an der Ampelanlage rechts abbiegen auf Westspange Richtung Neunkirchen City, weiter auf Königstraße/später Gustav-Regler-Straße/Bahnhofstraße, über die Konrad-Adenauer-Brücke, dort leicht links bergauf auf Kuchenbergstraße, in Wiebelskirchen scharf links in Schillerstraße, einige Parkplätze stehen vor dem Museum bereit // **Öffnungszeiten** jedes dritte Wochenende im Monat, Zugang nur mit Besucherticket über den Ticketshop unter www.saarcade.de

54_AUF DER RITTERSPIELBÜHNE

Klein und groß beieinander

Die Zeiten, in denen Ritter Nohfelden mit einem Besuch beehrten, endeten in der Mitte des 17. Jahrhunderts. In jüngsten Tagen macht es jedoch die Kunde, immer mehr junge Rittersleute seien in der kleinen im Norden des Saarlandes gelegenen Gemeinde Nohfelden gesichtet worden. Was sie herbeilockt, ist der Glanz der Ritterspielbühne, der es an nichts fehlt, was einen Recken erfreuen kann. Prächtige Reittiere – sogar ein Wildschwein bietet seinen Rücken an –, wackere Wachleute an den Pforten der Wehranlage und Fahnen, die schon von weithin bekunden, dass auf der neu errichteten Burg Besucher, die kein Abenteuer scheuen, herzlich willkommen sind.

TIPP: Zu den Sternen greifen lässt sich im Weltraum-Atelier Nohfelden im nahen Mosberg-Richweiler. Mehr unter www.apollo-13.eu.

In Nohfelden an der mittelalterlichen Spielanlage ist es ein Leichtes, sich Rittergeschichten zu erträumen und diese gemeinsam zu erleben. Sogar an sehr junge Burgeroberer wurde mit einem eigenen Bereich mit Spielhaus, Babyschaukeln und ritterlichen Drehkreisel gedacht. Anstelle von Mauern umfasst ein Zaun das Areal, sodass sich alle frei und sicher auf dem Gelände bewegen können – ein echtes Plus für Eltern, für die es zusätzlich viele Sitzmöglichkeiten gibt.

Besonderes Flair erhält die Anlage durch die echte Burg in direkter Nähe. Wer sich den Burgspielplatz en miniature erobert hat, ist bestens gerüstet für einen Aufstieg zum großen Vorbild. Vom 20 Meter hohen Bergfried aus haben die Rittersleute das schöne Nahetal bestens im Blick und können neu eintreffende Spielkameraden bereits von Weitem sichten.

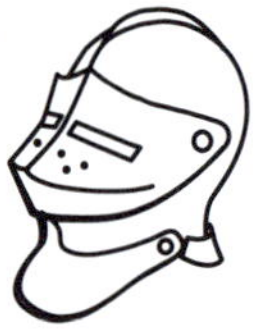

Adresse An der Burg, 66625 Nohfelden, barrierefreier Zugang // Anfahrt A 62, Ausfahrt Nohfelden-Türkismühle, L 330 Richtung Türkismühle / später Triererstraße, im Kreisel 3. Ausfahrt, Saarbrücker Straße / später Bahnhofstraße, in Nohfelden rechts in Schlossstraße, links in Am Burghof, Parkplatz liegt auf der linken Seite // Öffnungszeiten durchgängig geöffnet

55_ DAS MÄRCHENDORF

Schöne Träume bei Fee und Froschkönig

Märchenhaft übernachten – das ist die Devise am Bostalsee. Für die Zwerge ist es eine Wucht, wenn es beim nächsten Familienurlaub heißt: »Wir ziehen für ein paar Tage in das Haus des Froschkönigs, oder wollt ihr lieber zur Fee?« Da werden die Ferien im wahrsten Sinne des Wortes fabel-haft.

Das Märchendorf ist ein Abenteuer, sowohl für die Dreikäsehochs als auch für die Großen. Statt »Da komme ich nicht dran« hört man nun weit eher: »Papa, zieh den Kopf ein!« Steht das Essen auf dem Tisch, stürmen die Krümel nicht mehr von oben die Treppe herunter. Nein, das wäre viel zu einfach. Es geht über eine Rutsche oder die Sprossenleiter nach unten, und die Kleinen kommen von draußen wieder zur Haustür herein. Solche drolligen Überraschungen sind im Märchendorf Alltag. Ebenso wie die schiefen Fenster und Türen, die Krönchen und Zwerge allerorts und natürlich die knallbunten Farben. Das alles zaubert eine einzigartige und kinderfreundliche Atmosphäre.

Am Grillplatz in der Mitte der insgesamt fünf Märchenhäuser treffen Familien mit ihren Kindern völlig unkompliziert nach Lust und Laune zusammen. Dabei lassen sich Pläne für die kommenden Tage schmieden, denn rund um den Bostalsee gibt es jede Menge zu entdecken. Tretboot fahren, Fußballgolf, Sandburgen bauen oder an einem der beiden Sandstrände planschen. Wenn es tröpfelt, geht es in den Indoorspielplatz Bosiland. Da gehen die Ideen nicht aus.

Adresse Am Campingplatz 1, 66625 Nohfelden-Bosen, Tel. 06851/8018050 // **Anfahrt** A 1, Ausfahrt Nonnweiler/Primstal, im Kreisverkehr 1. Ausfahrt (L 147), rechts auf L 134, später Primstaler Straße, in Selbach links auf Birkenfelder Straße, später Nahestraße, links auf Schulstraße, später L 325, links auf Am Campingplatz // **Öffnungszeiten** bitte auf der Webseite informieren: www.bostalsee.de/bostalsee-camping

TIPP: Ganz große Sprünge können die Kleinen im Tramposaarium, einer Trampolinanlage am Seehafen des Bostalsees, machen. Während der Jumpnights wird sogar im Discotakt mit Nebelmaschine und bunten Lichtern emporgesprungen.

56_AM WASSERSPASSPARADIES

Abkühlung gefällig?

Wow! Beim ersten Blick auf die bunte, vielfältige und einladende Wasserspieloase wünscht sich wohl mancher erwachsene Begleiter, wenigstens noch ein einziges Mal wieder Kind sein zu dürfen. In Bosen wurde auf »ausufernden« 1.600 Quadratmetern unmittelbar am Bostalsee wirklich an jeden Spaß gedacht, und so lässt die Aussicht auf das nasse und noch dazu kostenlose Vergnügen nicht nur Kinderaugen erstrahlen.

Die Meereslandschaft in Miniatur weckt bei angehenden Piraten Südseefeeling. Hängebrücken führen vom Steg aus herausfordernd wankend über kniehohes Wasser zu zwei Inseln. Schau an: Sogar ein Schiff ankert vor Ort. Mutige entern den edlen Kahn und stechen in See. Hiernach steht womöglich eine Inaugenscheinnahme der Bagger an. Wie praktisch, dass es vor Ort so viel weichen Sand zum Testen und Buddeln gibt. Ausreichend Material für einen Matschkuchen bleibt sicher übrig, denn auch für das leibliche Wohl will gesorgt werden. Ist das erledigt, werden die inselseitigen Holzspielgeräte einer intensiven Prüfung unterzogen. Balancieren, rutschen, schaukeln und Ausschau nach dem Seeungeheuer halten, das in den Tiefen sein Unwesen treibt – ein echter Seeräuber kennt eben keine Langeweile. Wie gut, dass am Rande des Seevergnügens ausreichend Sitzgelegenheiten für Begleiter bereitstehen, denn wo so viele spannende Aufgaben auf junge Besucher warten, kann kinderleicht aus einem kurzen Ausflug zum See ein recht ausgedehntes Vergnügen werden.

Adresse Wasserspielplatz Bostalsee, Am Seehafen 1, 66625 Nohfelden-Bosen, teilweise barrierefrei // Anfahrt A 1, Ausfahrt Nonnweiler/Primstal, im Kreisverkehr 1. Ausfahrt (L 147), rechts auf L 134/später Primstaler Straße, in Selbach links auf Birkenfelder Straße/später Nahestraße, links auf Schulstraße/später L 325, rechts auf Am Seehafen, auf P 1 parken, kostenpflichtiger Parkplatz // Öffnungszeiten durchgängig geöffnet

TIPP: Erkundungstouren sind am Bostalsee auf vielerlei Art möglich, wie etwa bei einem entspannten Familienausflug auf dem Tretboot. »Hin&Weg« sind Kinder ab 8 Jahren, wenn es zu einer Seerunde mit dem E-Scooter geht. Diese stehen am Seehafen beim gleichnamigen Verleih bereit.

57_DER BÜCHER-BAUM

Geschichten zum Leihen

Bücher sind ohne jede Frage super und Bäume natürlich auch. Als das St. Wendeler Land den Bücher-Baum auf dem Spielplatz an der Nahequelle in Selbach errichtet hat, wurden also zwei wunderbare Dinge miteinander verbunden. Charmant ist dabei, dass nicht nur die Bücher, die dort stehen, eine Menge Geschichten zu erzählen haben. Auch der Baum, aus dem die Bücher entliehen werden, hat Spannendes zu berichten, denn die originelle Ausleihe ist aus einer über hundertjährigen Eiche gefertigt.

Die »Bücher-Eiche« stand diese lange Zeit über am Holzhauser Hof im Ortsteil Türkismühle und hat vermutlich so einiges erlebt und gesehen. Eine Wurzelkrankheit zwang die Gemeinde Nohfelden dazu, die alte Eiche zu fällen. Das war äußerst bedauerlich, doch die Verantwortlichen hatten eine Idee: Der Baum sollte nicht in Vergessenheit geraten. Aus ihm wurde der Kinder-Bücher-Baum gefertigt, und aus diesem Grund können sich immer noch viele Menschen an der alten Eiche erfreuen. Als »Bücherumschlagplatz« hat sie eine neue Bestimmung gefunden, und wie es aussieht, fühlt sie sich dort im Grünen, umringt von Streichelzoo, Hängebrücke und einem wunderbaren Spielplatz aus Naturholz, sehr wohl.

Deshalb eine Botschaft an alle Kinder: Wenn ihr in Selbach seid, nehmt euch zwischen dem Toben, Tierestreicheln und Über-Wackelbrücken-Laufen auch ein klein wenig Zeit für die alte, treue Eiche. Leiht euch ein hübsches Buch bei ihr aus – das würde sie bestimmt freuen.

TIPP: Der 5,6 Kilometer lange Wanderweg »Nahequelle-Pfad« ist ausgezeichnet, und das im wahrsten Sinne des Wortes. Er war nicht nur der erste Premium-kinderwanderweg Deutschlands, sondern hat 2018 auch den ersten Preis als innovativster Wanderweg Deutschlands erhalten.

Adresse Zur Nahequelle, 66625 Nohfelden-Selbach // Anfahrt A 1, Ausfahrt Nonnweiler/Primstal, im Kreisverkehr 1. Ausfahrt (L 147), rechts auf L 134/Primstaler Straße, links auf Zur Nahequelle, Parkplatz am Ende der Straße // Öffnungszeiten jederzeit

58_DIE TRECKERSTUBE

Nicht nur was für Oldtimer

Ein Leben ohne Traktor ist zwar möglich, aber doch ziemlich langweilig, dachte sich Familie Judenhuth, und so schaffte man sich nicht nur einen Traktor-Oldie an, auch nicht zwei, sondern gleich 33 an der Zahl. Vieles spricht dafür, dass die Suche nach weiteren Oldtimern noch längst kein Ende gefunden hat. Ein Glück für die Besucher der Treckerstube, denn so gibt es im kleinen Museum eine Menge zu bewundern. Auch einiges an alten landwirtschaftlichen Nutzgeräten, die sich mit den Jahren in die Sammlung eingereiht haben. Spannende Anekdoten zu all den Fundstücken können die Judenhuths ebenfalls erzählen, denn alles hier hat (seine) Geschichte.

Doch das Museum allein macht die Treckerstube längst nicht aus. Die Gäste erwartet noch weit mehr. Eine nette, familiäre Atmosphäre in jedem Fall, ebenso wie ein großes Spielplatzgelände. Junge Besucher sind an diesem Ort folglich besonders gern gesehen. Es gibt reichlich Sitzplätze im Grünen, und so können die Kleinen spielen und die Erwachsenen entspannt bei einem Kaffee dabei zuschauen, da kommt niemand aus der Familie zu kurz. Wen das immer noch nicht zu einem Besuch bewegen kann, der wird zu guter Letzt mit dem besten aller Argumente zu überzeugen sein: Sonntags gibt es stets frischen hausgemachten Kuchen! Tolle Aktionen und sogar Ausfahrten mit Traktor und Anhänger stehen auch ab und an auf dem Programm. Deshalb lohnt es sich, Familie Judenhuth nach solchen Extraterminen zu fragen. Dann geht es vielleicht bald einmal auf Treckertour.

TIPP: Für Sternengucker gibt es im St. Wendeler Sternenland beste Ausguckmöglichkeiten auf den nächtlichen Himmel, teils sogar mit Extras wie Polarsternfinder und drehbarer Wellenliege. Näheres zu den einzelnen Plätzen unter: www.sankt-wendeler-sternenland.de.

Adresse Buttergasse 14, 66625 Nohfelden-Wolfersweiler, Tel. 06852/81151, www.trecker-stube.de // **Anfahrt** A 62, Ausfahrt Nohfelden/Türkismühle, links auf L 330 (Trierer Straße), im Kreisverkehr 2. Ausfahrt, auf Saarbrücker Straße/Bahnhofstraße bis Nohfelden, dort rechts in Schlossstraße (B 41), in Wolfersweiler rechts in Buttergasse, Parkplätze vor Ort // **Öffnungszeiten** Mai–Okt. Fr–So 14–20 Uhr

59_IM DRUIDENDORF

Blick der Gefahr ins Auge

Holla, die Waldfee. Das Druidendorf am Fuße des Peterbergs ist ein (Kinder-)Traum. Eine Kutsche, schiefe Türmchen, Brücken, Netze, Holzpferde zum Aufspringen und Losgaloppieren und reihenweise andere hinreißende Kleinigkeiten, wie die Holzlämpchen, das Hühnchen hinter Gittern oder das putzige Kochgeschirr. Jedes Detail ist mit viel Liebe gefertigt, das spürt man sofort.

Aber halt! Alles könnte so schön sein, wäre da nicht dieser Wikingerhauptmann mit dem finsteren Blick, der vor dem Dorf Posten bezogen hat, denn der lässt niemanden an sich vorbei. Breit baut er sich mit seinem furchterregenden Helm und dem langen Bart vor den Kindern auf. Jeder Neuankömmling wird sorgfältig ins Visier genommen, und dem Kerl entgeht nichts. Da steht man nun, das Paradies quasi vor seinen Füßen und greifbar nah, und der Bursche versemmelt einem den ganzen Spaß.

Doch hier lohnt es sich, ein zweites Mal hinzusehen und der Gefahr ins Auge zu blicken. Im Grunde genommen ist der Wikingerhauptmann ein lieber Kerl. Guckt er denn wirklich grimmig? Oder vielleicht eher ängstlich? Ein bisschen fürchtet er sich vor Fremden, das sei verraten.Folglich sollte man sich ihm erst einmal vorstellen. Ein kurzes Hallo und ruckizucki ist die Angst auf beiden Seiten wie verflogen. Der Weg ist frei, und auf geht's, hinein in die keltischen Hütten. Große Abenteuer warten auf die Kinder, während der Wikingerhauptmann am Eingang achtgibt und über sie wacht.

Adresse Zum Wäldchen 3, 66620 Nonnweiler-Braunshausen, www.freizeitzentrum-peterberg.de // **Anfahrt** A 1, Ausfahrt Braunshausen, auf L 329/später Ernst-Wagner-Straße in Richtung Braunshausen, an der Gabelung rechts in Peterbergstraße, Ausgang Braunhausen rechts in Zum Wäldchen, die Straße führt zu einem Parkplatz, der Spielplatz ist nur wenige Schritte entfernt // **Öffnungszeiten** jederzeit

TIPP: Gerade die kleinen Dinge werden gern übersehen. Dabei sind die oft besonders charmant. So wie die Elfenhäuschen, die hinter der Bushaltestelle neben dem Parkplatz zu entdecken sind. Die sind so was von klasse!

60_IM KELTENDORF

Die Gelegenheit für Zeitreisende

»Wir befinden uns im Jahr 2022 nach Christi. Das ganze Saarland ist von der Gegenwart besetzt ... Das ganze Saarland? Nein, das stimmt nicht ganz! Ein von eigensinnigen Kelten bevölkertes Dörflein am Rande von Otzenhausen will einfach nicht aufhören, der modernen Welt Widerstand zu leisten. Jedes Wochenende laden sie Jung und Nicht-mehr-gänzlich-Jung dazu ein, mehr über das keltische Leben zu erfahren. Da wird gewebt, auf alte Weise gebacken, und die Kelten werden nicht müde, über alte Zeiten zu erzählen«, so könnte ein neuer Asterix-Comic beginnen oder eben ein Informationsschreiben zum Keltendorf in Otzenhausen.

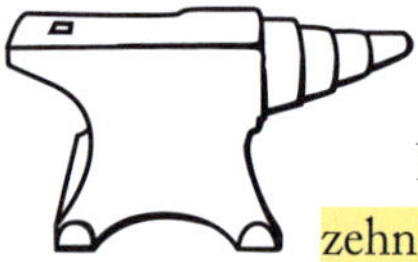

Besser postiert könnte das Dorf mit seinen insgesamt zehn Wohn-, Handwerks- und Speichergebäuden gar nicht sein. Am Fuße des Ringwalls Otzenhausen, der mit seinen heute immer noch zehn Meter hohen Mauern eine der größten und bemerkenswertesten keltischen Befestigungsanlagen Europas ist, hat das Dorf seinen perfekten Platz. Beim Bau der einzelnen Gebäude haben sich die Macher an historischen Funden orientiert, und so sieht jedes Haus ein klein wenig anders aus.

Dass hier keltisches Leben durch den Verein Hochwaldkelten gelebt wird, macht einen Besuch zu einem besonderen Erlebnis. Für Familien lohnt es sich deshalb, an einer der offenen Führungen an Sonn- und Feiertagen teilzunehmen. Oder vielleicht sogar an einem der Aktionstage, an denen alte Handwerkskunst wie Weben, Färben, Schmieden oder Töpfern selbst einmal erprobt werden kann.

Adresse Ringwallstraße 80, 66620 Nonnweiler-Otzenhausen, Tel. 06873/66019, www.keltenpark-otzenhausen.de // **Anfahrt** A 1/A 62, Ausfahrt Nonnweiler-Otzenhausen, Waldparkplatz Otzenhausen gegenüber Keltendorf // **Öffnungszeiten** in der Sommersaison Sa, So und Feiertage 10–18 Uhr, Führungen an So und Feiertagen um 15 Uhr

TIPP: In diesem Umfeld kommt man nicht drum herum, Familien gleich zwei Tipps ans Herz zu legen: einmal den 4,2 Kilometer langen Kinder-Erlebnispfad am Ringwall Otzenhausen und zum zweiten den Planetenwanderweg an der Talsperre Nonnweiler, wo die Planeten unseres Sonnensystems im Maßstab 1:1 Milliarde dargestellt sind.

61_DIE ENGGASS

Eine wunderliche Straße

Die Enggaß – das ist ein echtes Kuriosum in Ottweiler. Merkwürdige Geschichten und Rätsel ranken sich um die kleine Gasse. So heißt es, dass in der Enggaß früher im allerletzten Haus – oder, von der anderen Seite aus betrachtet, dem allerersten Haus – ein Polizist seinen Posten bezogen habe. Ausgerüstet war er mit einem Spiegel. Der Wachmann hatte nur eine einzige Aufgabe, und zwar den Verkehr zu regeln, denn in die enge Straße durfte immer nur aus einer Richtung eingefahren werden. Also harrte der Polizist tagein, tagaus in seiner Stube und wartete auf neu eintreffende Wagen.

Doch dies ist nicht die einzige bizarre Geschichte rund um diese wunderliche Gasse. Wer beim Besuch etwas genauer hinschaut, findet am Boden auf dem Kopfsteinpflaster allüberall seltsame Zeichen. Einen Hut, einen Braten und sogar eine Pfeife entdecken die Kinder. Das ist mysteriös. Was könnten diese Symbole wohl bedeuten? Ein kleiner Tipp vorab: Die Zeichen hängen mit den Handwerkshäusern zusammen, die früher einmal in der Enggaß ihren Sitz hatten. Das jedenfalls munkelt man in Ottweiler, und dies könnte doch ein guter Hinweis für erste Ermittlungen sein.

Nicht ausgeschlossen, dass clevere Kinder dem Geheimnis um die einstigen Handwerkshäuser auf die Spur kommen und das Rätsel um die »Steinzeichen« in der Enggaß lösen können. Was kann spannender sein, als den Dingen selbst auf den Grund zu gehen?

TIPP: Eine mittelalterliche Stadtführung lohnt sich trotz eigener Spurensuche. Mit der Marktfrau, der Hofdame oder der Kaufmannsfrau geht es sonntags um 15 Uhr quer durch Ottweiler und am Ende immer auf die Zippelkapp, den alten Ottweiler Wehrturm, dessen Dach wie eine Mütze ausschaut.

Adresse Enggaß, 66564 Ottweiler, holprig, aber barrierefrei // **Anfahrt** A 8, Ausfahrt Neunkirchen-Spiesen, auf B 41 (Richtung Idar-Oberstein/ St. Wendel/Ottweiler), in Ottweiler an der Kreuzung links in Schlossstraße, nochmals links auf Rathausplatz mit Parkmoglichkeit, 5 Minuten Fußweg bis zur Enggaß

62_DER BETZELHÜBEL

Wackelturm in groß

Den Betzelhübel gibt es im Saarland gleich zweimal. Zum einen als Berg, der mit 428 Metern zwischen Ottweiler und Steinbach in die Höhe ragt, und zum zweiten als Panoramaturm. Auf dem Gipfelplateau des gleichnamigen Berges bietet er ein 360-Grad-Weitsichterlebnis, und das sollten sich Klein und Groß nicht entgehen lassen.

Eine Mütze im Wandergepäck der Weitsichtfans kann nicht schaden, denn auf dem Bergrücken weht der Wind einem kräftig um die Ohren. Noch mehr pfeift es, wenn die Kinder die 120 Stufen erklommen haben und auf der 20 Meter hohen, L-förmigen Plattform stehen. Atemberaubend schön ist das Panorama von hier oben. Als Weitgucker hat man das Gefühl, man könne über das ganze Bundesland sehen. Oder zumindest über das halbe. Und noch etwas spürt man. Wenn die Luft geht – und wie gesagt, hier pustet der Wind besonders gern –, dann schaukelt der Panoramaturm. Ganz leicht. Dabei jedoch braucht es niemandem bange zu sein. Das ist seiner filigranen Alufachwerkbauweise geschuldet. Auch wenn er schwankt und wackelt, der Turm steht bombensicher in der schönen Landschaft.

Die Weitsicht-Idee Betzelhübel wurde zum Teil durch Spendengelder finanziert. Da Dankbarkeit im Saarland großgeschrieben wird, sind auf den Stufen Schilder mit den Namen der Unterstützer angebracht. Also Augen auf beim Hochgehen, vielleicht kennt man ja den ein oder anderen, wo doch im Saarland bekanntlich jeder jeden kennt.

Adresse 66564 Ottweiler-Steinbach, GPS: 49.401744205498545, 7.193191187001389 // Anfahrt A 8, Ausfahrt Neunkirchen-Spiesen, auf der B 41 in Richtung Idar-Oberstein, in Ottweiler rechts auf B 420 (Saarbrücker Straße), links auf Fürther Straße, an der Gabelung geradeaus auf L 288/Kuseler Straße, am Dorfplatz rechts auf Ottweiler Straße, links auf Zum Sportplatz bis Ende der Straße, über den »Steinbachpfad« (braune Wegweiser) 5 bis 10 Minuten Fußweg zum Turm // Öffnungszeiten ganzjährig 8–20 Uhr

TIPP: Das nahe Freizeitgelände Hiemes am Ende der Ostertalstraße ist ein gepflegter Park mit viel Grün, einer Menge Spielgeräten, Kräutergarten und – schwing dich sofort drauf – einer wunderbar langen Seilbahn.

63_DER MTB-FUNPARK

In der Endlosschleife mit Spaßfaktor

Es wird mucksmäuschenstill, als einer der geübten Fahrer startet. Bei der Jumpline ist der Name Programm. Die Räder sind weite Teile der Fahrzeit in der Luft. Dabei zuzuschauen, ist spannend und atemberaubend.

Für Neulinge, die ihre Fertigkeiten auf zwei Rädern verbessern wollen, empfiehlt es sich, zuerst erst einmal die nebenan liegende Bahn anzusteuern. Zum Glück hat die moderne Mountainbike-Anlage direkt hinter dem Deutsch-Luxemburgischen Schengen-Lyzeum in Perl für jedes Alter und jede Könnensstufe das passende Angebot parat. Bevor es losgeht, steht die Sicherheit natürlich ganz weit vorne. Dass jeder Fahrer, egal welchen Alters, Helm trägt und manche sogar Protektoren, ist in Perl gar keine Frage.

»Mit jeder Runde ein Stückchen besser« ist die Parole auf dem asphaltierten Skillcenter. Die Endlosschleife auf der Ebene eignet sich für Rollen jeder Art. Ob Rad, Skateboard, Inlineskates, Laufrad oder Cityroller, ja, sogar mit Rollstuhl soll die Bahn befahrbar sein. Über die kleineren und großen Wellen sowie durch die Kurven zu lenken, ist in der ersten Runde eine echte Herausforderung. Mit jedem neuen Versuch werden die Kids jedoch routinierter, denn das Ziel im Skillcenter ist es, die Balance zu schulen, und das funktioniert. Indem sich die Kinder Runde für Runde verbessern und dabei das Tempo steigern, werden sie zunehmend sicherer. Übung macht bekanntlich den Meister. Mal abgesehen davon, dass es Fun bereitet, wieder und wieder über den dunklen Asphalt zu flitzen. Achtung, hier komm ich!

Adresse Zum Kreckelberg, 66706 Perl, manche Bahnen sind barrierefrei // Anfahrt A 8, Ausfahrt Perl-Borg, auf B 407 Richtung Perl, in der scharfen Kurve rechts auf Im Niederborn, im Kreisel 2. Ausfahrt Zum Kreckelberg, Parkplatz vor Ort // Öffnungszeiten jederzeit

TIPP: Inmitten der Perler Weinberge steht das sagenumwobene Katzenhäuschen. Einer Legende nach sollen hier drei bildschöne Frauen von einem verliebten Ritter in Katzen verwandelt worden sein. Noch heute sollen sie bei Vollmond am Hang umherstreichen.

PÜTTLINGEN-KÖLLERBACH

64_DIE DOPPELTE BURG

Neu und alt im Zweierpack

Nein, im schönen Köllerbach sieht man nicht doppelt. Doch was für eine wunderbare Idee ist das, im Umfeld der eindrucksvollen Ruinen der ehemaligen Wasserburg Bucherbach einen Burgspielplatz – ebenfalls mit vier Türmen wie das große Vorbild – zu errichten. Mehr an Inspiration können sich Kinder gar nicht wünschen.

Vor dem Erobern des Kinderspielplatzes kundschaften kühne Recken und holde Drachenkämpferinnen das Gebiet um die Burg Bucherbach aus. Die zum Teil noch sehr gut erhaltenen Grundmauern und auch die eindrucksvollen Ecktürme auf dem quadratischen, fast 700 Jahre alten Areal bieten eine tolle mittelalterliche Kulisse. Sogar ein bezauberndes Plätzchen, mit Blick über die ganze Festung für ein Raubritter-Picknick, finden Familien hier.

Ganz so alt wie die Burg ist der Burgspielplatz noch nicht. Eigentlich ist er sogar ziemlich modern und zählt zu den wenigen inklusiven Spielplätzen des Saarlandes, bei denen die Erbauer und Planer die Bedürfnisse von bewegungseingeschränkten Kindern permanent im Blick hatten. Das Ergebnis ist ein Knüller: Eine Kutsche mit vier wackeren Rössern geleitet die Burgherren und -frauen zu den bunten Wachtürmen, die über Leitern, Taue oder eine Kletterwand erstürmt werden können. Beste Laune haben Kinder an Sommertagen im Sandkasten mit Wasserspielbereich oder beim tüchtigen Hüpfen auf dem Bodentrampolin. Dies alles im Schatten der Burg Bucherach – doppelter (Spaß) hält länger.

TIPP: Wer jetzt schon in Köllerbach ist, sollte unbedingt ein bisschen Zeit für das Saarländische Uhrenmuseum einplanen (www.uhrenmuseum-saar.de). Die Führungen sind prima und sehr kindgerecht.

Adresse Hauptstraße 3, 66346 Püttlingen-Köllerbach // Anfahrt A 8, Ausfahrt Schwalbach/Schwarzenholz, L 140 in Richtung Obersalbach/Kurhof, 2. rechts über die Autobahnbrücke, danach wieder rechts, links auf L 139/Sprenger Straße, rechts auf Hauptstraße, kurz darauf befinden sich rechts Parkplätze im direkten Umfeld der Burg // Öffnungszeiten jederzeit

65_DIE BERGEHALDE

Auf dem Himmelspfeil gen Himmel laufen

Eigentlich ist die Halde Göttelborn ein reichlich großer Haufen Abschutt aus der Bergbauzeit im Saarland. Die Betonung liegt auf eigentlich, denn wer genauer hinsieht, muss zugeben, dass die Halde Göttelborn eine Wucht ist. Ein Beleg dafür sind die vielen Schätze, die auf der Halde versteckt liegen. Um die zu finden, brauchen Kinder die Wege noch nicht einmal zu verlassen. Es reicht ein aufmerksames Auge auf das, was sich am Rande der Straße verbirgt. Auf den herumliegenden Steinen gibt es nicht selten Versteinerungen wie Farne oder Insekten aus dem Karbonzeitalter zu entdecken. Diese Unikate sind bis zu 300 Millionen Jahre alt. Auf der Halde liegen übrigens auch tierische, nicht ganz so alte »Tretminen« – da bitte die Augen offen halten.

Als Besucher der Halde Göttelborn wird man darüber hinaus an vielen Stellen das Gefühl nicht los, mitten in der Kulisse für einen Weltraumfilm gelandet zu sein. Die Umgebung ist spektakulär und seltsam schön. Insbesondere die kleinen Bergseen, die wie ein Spiegel den Himmel reflektieren.

Richtig, richtig cool ist der Himmelspfeil. Eine Rampe, die geradewegs in Richtung Horizont führt. Sportliche Kinder mit flinken Beinen wagen dort den Himmelslauf und stürmen aus dem Tal in vollem Karacho hinauf Richtung Himmel. Der Gewinner wird mit einem 360-Grad-Blick endlos weit über die Landschaft belohnt. Bis in die Wolken hinein hat man es dort oben stehend vielleicht noch nicht geschafft, doch weit entfernt ist man nicht mehr.

Adresse Zur Bergehalde, 66287 Quierschied-Göttelborn, www.quierschied.de, der Haldenweg ist weitgehend asphaltiert und barrierefrei, teilweise ist es sehr steil // **Anfahrt** A 8, Ausfahrt Merchweiler, im Kreisverkehr 2. Ausfahrt, Zur Bergehalde bis zum links gelegenen Parkplatz »Rundweg Bergehalde« folgen, Wegeschild am Eingang des Haldenweges // **Öffnungszeiten** jederzeit

TIPP: Der unübersehbare »Weiße Riese« galt mit 87 Metern bei seiner Erbauung als höchstes Fördergerüst der Welt. An speziellen Tagen dürfen Besucher auf die Aussichtsplattform. Wer auch mal dabei sein möchte, kann bei der Gemeinde Quierschied nach dem nächsten freien Termin fragen: Tel. 06897/961195.

66_DAS VOGELNEST

Wer hat das ausgebrütet?

Da staunst du Bauklötze! Wenn das Riesengebilde da mitten in Göttelborn ein echtes Vogelnest ist und die ovalen Holzkugeln darunter in der Tat Vogeleier sind, dann will ich lieber nicht wissen, welche Ausmaße Vogelmutter und Vogelvater haben. Mindestens so groß wie ein Auto, würde ich schätzen.

Zum Glück handelt es sich bei dem überdimensionalen Vogelnest in Göttelborn (nur) um eine Spielskulptur aus Robinienholz. Das Kletterhighlight, erbaut aus insgesamt 15 Stützen und rund 1.500 kreuz und quer angeordneten Rundhölzern, ist stolze drei Meter hoch und damit ein Hingucker, der beim ersten Besuch staunen lässt. In der ersten Sekunde sagen die Kleinen keinen »Piep« mehr.

Nebenbei ist das »Riesengelege« aber auch ein fabelhaftes und vielseitiges Spielgerät, und das Schönste ist das Nestinnere, das im Gegensatz zu einem echten Nest hohl ist. Es braucht etwas Geschick, um die »Nesthöhle« zu erklimmen. Ein Vogelei dient dabei als Aufstiegshilfe, und bei ganz jungen Nesthockern zeigt es sich als hilfreich, wenn die Eltern ein bisschen anschieben. Über ein Kletterseil machen sich ältere Kinder unterdessen von außen auf den Weg ins Zentrum des Nestes. Dort, in der Mitte, befindet sich ein großes Netz. Der Aufstieg zum höchsten Punkt erinnert schon fast ans Bergsteigen, und die Aussicht von dort oben ist erhaben – als wären die Kinder Adler- oder Falkenjunge, die auf ihre Eltern warten. Ach ja, spannende Spielideen kommen beim Klettern am Vogelnest eben wie von selbst.

TIPP: Bei Regenwetter, aber auch bei Sonnenschein haben Kinder im Flip, dem nahe gelegenen Indoorspielplatz mit Elektrokartbahn, Soccerfeld und Wabbelberg, eine Mordsgaudi.

Adresse Hauptstraße, 66287 Quierschied-Göttelborn // **Anfahrt** A 1, Ausfahrt Quierschied, auf L 128/Hauptstraße in Richtung Göttelborn, im Kreisverkehr 2. Ausfahrt (Hauptstraße), kurz darauf rechts auf den Parkplatz einbiegen (neben dem Restaurant Martinis), das Vogelnest grenzt an den Parkplatz // **Öffnungszeiten** jederzeit

67_AUF ZU DEN SIERSBERGER BURGSCHAFEN

Da wird ge-määääh-t!

Was Schafe alles können. Sogar der Schutz bedrohter Pflanzenarten fällt in ihr Aufgabengebiet. Ein Beispiel dafür ist das in Siersburg anzutreffende »Hexenkraut«, das sich gegenwärtig nur noch an drei Standorten des Saarlandes nachweisen lässt. Dieses und noch einige seltene Pflanzen mehr hegen und pflegen die Burgschafe an den Hängen des Siersberges. Um genau zu sein, knabbern sie einfach um das seltene Grün herum und schlagen sich dabei die Bäuche voll. Doch mal ehrlich. Was könnte besser sein, als seine tägliche Arbeit mit Spaß und Freude zu erledigen? Dabei wirken die Burgschafe nicht nur im Sinne der Biodiversität, obendrein nehmen sie den Menschen bei der Landschaftspflege viel Arbeit ab und das ganz ohne Strom zu verbrauchen.

TIPP: Beim großartigen Mittelalterspektakel, das meist im Juli auf der Burg Siersberg stattfindet und zu den schönsten mittelalterlichen Märkten des Saarlandes gehört, zählen die Burgschafe neben Gauklern, Zauberkünstlern und Marktvolk zu den wichtigsten Darstellern.

Nützlich ist die eine Seite, die andere ist, dass es auch einfach nur ein tolles Erlebnis ist, die Lämmer, Böcke und Mutterschafe und außerdem noch eine Herde Burenziegen, die ebenfalls ganz im Sinne des Mäh-Projektes tätig sind, an den auf dem Weg zur Burg gelegenen Koppeln zu erleben. Da fällt der Aufstieg ins Reich des Mittelalters kinderleicht. Wer den wolligen Tieren einmal ganz nah sein möchte, sollte zwei Termine im Burgschafe-Leben nicht verpassen: den Almauftrieb im Frühjahr sowie den Abtrieb, wenn das gesamte Mäh-Team mit ihrer Schäferin nach Niedaltdorf ins Winterquartier zieht. Zu diesen beiden wichtigen Ereignissen sind kleine und große Schafliebhaber als Begleitung und Unterstützung sehr herzlich eingeladen.

Adresse Burgstraße, 66780 Rehlingen-Siersburg // Anfahrt A 620, Ausfahrt Rehlingen-Siersburg, auf L 347 Richtung Siersburg, im Kreisverkehr 2. Abfahrt (Hauptstraße), erste rechts in Stettiner Straße, am Ende der Straße kurz rechts in die Burgstraße, gleich wieder rechts auf Am Hautzenbuckel zum Parkplatz // Öffnungszeiten Die Burganlage ist durchgängig geöffnet, Weidezeiten sowie Termine zum Almauftrieb und -abtrieb sind unter www.rehlingen-siersburg.de und »gemeinderesi« bei Facebook und Instagram zu erfahren

68_DIE (CURRY-) WURSTWIRTSCHAFT

Das schmeckt nach mehr!

Was hat die Raupe Nimmersatt mit Tilo Nast und Joseph Klein aus Saarbrücken gemein? Sie haben sich alle drei durch ziemlich viel Leckeres hindurchgegessen, bis etwas Schönes entstanden ist. Die Raupe futterte eine Menge Obst und Gemüse und wurde zu einem Schmetterling. Die beiden Freunde aßen sich durch das Angebot verschiedenster Metzgereien. Nicht weil sie ausgesprochen großen Hunger hatten oder sich verpuppen wollten, sondern einzig und allein, um die beste Wurst des Landes ausfindig zu machen. Als die aufgespürt war, eröffneten sie die Kalinski Wurstwirtschaft, eine ausgefallene Variante der guten alten Currywurst-Bude.

Seitdem dreht sich bei den Gebrüdern Kalinski alles »um die Wurst«. Obwohl, stopp, das stimmt nicht ganz. Ihre hausgemachten, auf den Punkt gebrachten Fritten, wahlweise aus Süßkartoffeln, sind ebenfalls der Knüller. Genau wie die vielen Soßen für die eigenwilligen Currywurstvariationen. Auch an Veganer wurde mit Tofuwurst, Salatkreationen und Burgern gedacht. Das alles addierte Oliver Dillinger, der dritte Wurstbruder im Geiste, dazu.

Schnell, extrem lecker und nur die beste Qualität bei den Zutaten. Das kommt an, und so muss man sich zum Currywurst-Essen nicht selten an die letzte Stelle einer langen Schlange einreihen. Aber das ist Klein und Groß »wurscht«, denn jeder weiß, wenn das Warten ein Ende hat, hält man – yeah – sein Schälchen Kalinski-Currywurst in den Händen. Lecker, und noch dazu erfahren junge Gäste, dass schnell zubereitetes Essen trotzdem Qualität haben kann.

Adresse Kaltenbachstraße 4, 66111 Saarbrücken, Tel. 0681/68609184, barrierefrei // ÖPNV Bus 128, 506, R10, Haltestelle Staatstheater, 5 Minuten Fußweg in Richtung St. Johanner Markt, vom Brunnen aus die 2. Gasse rechts // Öffnungszeiten aktuelle Zeiten auf www.kalinskibrueder.de

TIPP: Auch wenn der Bauch nach dem Besuch der Wurstwirtschaft mehr als zufrieden sein dürfte, direkt neben den Gebrüdern Kalinski liegt die »Brot & Sinne«-Bäckerei. Dort gibt es handgemachtes Brot mit Knusperkruste und noch mehr Klasse statt Masse.

69_DER FALKENTURM

Brutpflege mit Heinz und Hilde

Im Saarland gibt es wirklich alles. Sogar einen Ort, den man besuchen kann, ganz ohne auch nur einen Fuß vor die Haustür zu setzen.

Wie das geht? Tja, babyeinfach. Man lädt Heinz und Hilde zu sich nach Hause ein – und zwar per Webcam. Das verliebte Wanderfalkenpaar kehrt jedes Jahr aufs Neue zurück an die Römerbrücke nach Saarbrücken. Um genau zu sein, an den Schornstein des Heizkraftwerks, wo das Paar in fast 70 Meter Höhe sein Nest bezieht. Das Falkenjahr beginnt oft schon im bitterkalten Winter. Nach der Balz lassen sich spätestens Ende März auch die ersten Eier ausfindig machen. Jetzt fängt eine anstrengende Zeit für Hilde und Heinz an. 30 Tage brüten und das Gelege warm halten, während es draußen meist noch friert, das ist kein Zuckerschlecken. Etwa nach einem Monat wird es besonders aufregend: Sind schon Risse in den Eierschalen zu sehen? Oder sind die Kleinen gar über Nacht geschlüpft? Bis zu den ersten Flugversuchen lässt sich jetzt das Aufwachsen der nimmersatten Falkenküken über die am Schornstein installierte Webcam live miterleben.

Infiziert ist man im Nu vom Falkenfieber. Heinz und Hilde und die Kleinen werden zu täglichen Begleitern, und die Freude über jeden Fortschritt ist riesengroß. Die Entscheidung der beiden, alljährlich ihren Nachwuchs im schönen Saarland aufzuziehen, war jedenfalls eins a und ist ein Beweis dafür, dass Falken nicht nur die schnellsten, sondern auch die klügsten Vögel der Welt sind.

TIPP: Auf der Webseite sind auch das aktuelle Tagebuch und sogar die Aufzeichnungen der letzten Jahre hinterlegt. Wenn Heinz und Hilde nicht gerade Nachwuchs aufziehen, lässt sich hier in der Vergangenheit des Falkenpärchens stöbern, denn die Familiengeschichte wird seit 2015 von der NABU dokumentiert und erzählt.

Adresse www.energie-saarlorlux.com/energie-saarlorlux/engagement/falkenkamera; in echt und bestenfalls mit Fernglas ausgerüstet kommt man dem Schornstein am Saarufer nah //
ÖPNV Saarbahn S 1, Haltestelle Kieselhumes, rechts in die Straße des 13. Januar, an der Gabc-lung am Ende der Straße rechts in Richtung Saar, links am Saarufer weiter in Richtung Ost-spange, nach den Industriehallen hat man freien Blick auf den Schornstein

70_DIE FREILUFT-GALERIE

Eine kunterbunte Stadttour

Für seine schönen und besonderen Wanderwege ist das Saarland längst über alle Grenzen hinweg bekannt. Die Stadt Saarbrücken hat mit dem Urban-Art-Spaziergang ein überaus ungewöhnliches Angebot dazu addiert: Einen Museumsbesuch mit einem Stadtrundgang zu verbinden, das ist clever. Beim Genießen des Outdoor-Kunstmuseums lernen die Gäste gleichzeitig die Landeshauptstadt und ihre Besonderheiten besser kennen. Ein geniales Konzept.

Der Saarbrücker Schlossgarten ist ein ausgezeichneter Startpunkt für diese Tour. Dort fällt der Blick gleich auf die erste grandiose und knallbunte Fassade aus der Spraydose der Künstlerin MadC. Weiter führt der Weg über die Saar, vorbei am Theater hin zur Musikhochschule, wo das großformatige blau-schwarze Werk des Urban-Art-Künstlers Reso eine Fassadenseite komplett überspannt. Von dort geht es ins Nauwieser Viertel, ein Stadtviertel, das sich immer schon durch Originalität ausgezeichnet hat. Deshalb passen die ungewöhnlichen Wandgemälde hier besonders gut ins Bild. In der Nassauer Straße etwa finden sich Zitronen an der Außenwand, die Kindergröße haben dürften. Beim Werk »Theo is looking at the window« in der Försterstraße wiederum würde man nur allzu gern wissen, wer wohl dieser ominöse Theo sein könnte.

Das letzte Drittel des Kunstwanderweges führt in die Innenstadt und mit der Bahnhofsstraße in die beliebte Einkaufsmeile Saarbrückens. Das ist eine ganz andere, erfrischende Weise, um sich mit einer Stadt neu bekannt zu machen.

Adresse Spichererbergstraße 9, 66119 Saarbrücken, www.artwalk.saarland/de // ÖPNV Bus 105, 108, Haltestelle Schlossplatz

TIPP: Während des Urban-Art-Spaziergangs treffen Kinder auch auf ein Stück deutsche Geschichte. Ein Bruchstück der Berliner Mauer ist zwischen Landtagsgebäude und Schlossgarten zu bestaunen.

71_DIE HÄNGEBRÜCKE

Für eine Extraportion Nervenkitzel

Kinder, die im Saarbrücker Zoo bereits das Afrikahaus besucht haben, werden über den ungewöhnlichen Weg von hier zum Gehege der Ardennerpferde überrascht sein: Wer die Pferde sehen will, muss eine 42 Meter lange Hängebrücke überqueren. Zugegeben, grundsätzlich *muss* der Zoogast das nicht, denn es gibt auch einen ebenerdigen Weg, aber wer wählt schon den, wenn sich ein solches Abenteuer bietet?

Wer wagt, gewinnt, und so geht es über eine kleine Treppe oder eine Rampe, die für Kinderwagen und Rollstuhlfahrer geeignet ist, auf ein Holzpodest. Jetzt liegt die Herausforderung in luftiger Höhe direkt vor den kühnen Zoobesuchern. Mit einer großen Portion Schneid wagen es diese, einen Fuß auf das erste Holzbrett zu setzen. Das Geländer aus zwei Stahlseilen erweist sich als Rettung, falls der Untergrund zu schwanken beginnt – und das tut er. Insbesondere wenn hoher Andrang auf dem Übergang herrscht oder der Wind weht. So geht es Schritt für Schritt voran. Warum die Brücke den Namen Hängebrücke trägt, erspüren Kinder, sobald sie die Strecke zur Hälfte bewältigt haben, denn die Konstruktion hängt in der Mitte deutlich durch. Jetzt ist der Steg auf der anderen Seite nicht mehr weit entfernt. Noch wenige Schritte – und schwups steht der Abenteurer wieder auf sicherem Boden. Gar nicht so wild, wird er oder sie vermutlich sagen und sich nur schwer davon abbringen lassen, gleich die nächste Tour über die Brücke zu wagen, die übrigens die längste Fußgängerhängebrücke des Saarlandes ist.

Adresse Graf-Stauffenberg-Straße, 66121 Saarbrücken, barrierefrei // ÖPNV Bus 105, 107; schneller geht es mit der Saarbahn (S1) bis Haltestelle Römerkastell und einem Umstieg auf den Bus 105 bis Haltestelle Am Zoo, Eschberg // Öffnungszeiten Mo–So 8.30–18 Uhr

TIPP: Unweit vom Saarbrücker Zoo, schattig im Wald, liegt der pädagogisch betreute Abenteuerspielplatz Eschberg. Von Montag bis Freitag starten dort von 12.30 bis 18.30 Uhr tolle Aktionen, die noch dazu oft kostenlos sind. Der richtige Ort, um weitere Herausforderungen zu meistern.

72_DIE HOLTERDIEPOLTER-STRECKE

Über Buckel, Wellen und Kurven tänzeln

Ab auf den Pumptrack nach St. Arnual, denn Koordination ist beim Radfahren alles. Je mehr Kurven, Hügel und sonstige Schikanen gemeistert werden, desto routinierter sind junge Radler auf dem Bike, und umso besser können sie bei Unebenheiten auf der Strecke oder bei Unvorhergesehenem reagieren.

Was der Verkehrsübungsplatz für die Autofahrer ist, ist also der Pumptrack für Jungsportler auf Rädern. Doch nicht nur das Fahren auf dem Geschicklichkeitsparcours macht Laune. Da geht es wie auf einer Achterbahn zu. Wieder und wieder rauf und runter, und bergab wird es immer etwas rasanter. Das ist echt spitze und abwechslungsreich.

Logisch fangen Jungradler, gut behelmt, zuerst mit der Rundstrecke in der Ebene an. Die ist bereits holprig genug, deshalb überlässt man die Hügel zunächst einmal den Profis. Nach den ersten Pumptrackrunden stellen die jungen Rad-Akrobaten garantiert fest: Das Fahren auf der welligen Bahn geht nicht nur in die Beine. Es braucht auch Muckis in den Armen, um das ständige Auf und Ab auszugleichen, und Geschick ist ebenfalls vonnöten. Doch das Fahren wird von Mal zu Mal leichter. Der Körper lernt dazu und prägt sich die Bewegungsabläufe ein. Es ist ein bisschen wie tanzen, nur dass hier nicht auf den Füßen, sondern auf zwei Rädern über den Parcours getänzelt wird. Mit dem richtigen Rhythmusgefühl wird die Holterdiepolter-Strecke zu einem Kinderspiel.

TIPP: Gleich um die Ecke, hinter der Unterführung, geht es mit Schwung weiter. Dort, am Ufer der Saar, liegt ein schöner Spielplatz mit großer Kletterlandschaft und einer Nestschaukel zur Entspannung für die Radhelden.

Adresse Odakerstraße, 66119 Saarbrücken // ÖPNV Bus 108, 128, Haltstelle Julius-Kiefer-Straße, 5–10 Minuten Fußweg, die Pumptrack-Anlage liegt hinter der St.-Arnualer-Stiftskirche // Öffnungszeiten jederzeit

73_DIE IMMER GEÖFFNETE TÜR

Im Tal der Jugend

1960 wurde der Deutsch-Französische Garten in Saarbrücken exakt an dem Ort, der zuvor mehrmals zur Kulisse kriegerischer Auseinandersetzungen zwischen beiden Nationen geworden war, errichtet. Der Garten wurde zum Symbol der Versöhnung und den Willen eines freundschaftlichen Miteinanders beider Staaten. Dieser Wunsch wurde zum 50. Jubiläum in Form einer ungewöhnlichen Steinskulptur erneuert. »Die geöffnete Tür – La porte ouverte«, die von beiden Seiten begangen werden kann, hat Symbolkraft. Dass der regionale Künstler Werner Bärmann die Fertigstellung der Sandsteinskulptur im Jahr 2010 nicht selbst in seinem Atelier vornahm, sondern Bürger aus beiden Nationen während eines Bildhauer-Symposium eingeladen waren, das Werk mit- und auszugestalten, ebenso.

Ein Schließen der weit geöffneten Tür ist beim Blick auf das Kunstwerk kaum mehr vorstellbar. Auch das lässt sich zweifelfrei auf die deutsch-französische Freundschaft übertragen, die sich seit Eröffnung des Gartens weiter vertiefen konnte.

Spannend ist außerdem, dass sich das Kunstwerk spielerisch erfahren lässt. Kleine und große Parkgäste sind eingeladen, von beiden Seiten durch die stets geöffnete Tür zu wandeln. Von deutscher Seite führt die Tür praktischerweise gleich weiter auf einen liebevoll ausgestalteten Wasserspielplatz, der insbesondere im Sommer großes Vergnügen in Aussicht stellt und als ein zweiter Ort am Pulverbach angesehen werden kann, an dem sich die Jüngsten beider Nationen auf spielerische Weise annähern.

TIPP: Ebenfalls Wasserspaß und eine Menge nasses Abenteuer verspricht die Badewelt im nahen Calypso. Hier addieren sich noch wilde Rutschmomente und karibische Atmosphäre hinzu.

Adresse Deutschmühlental, 66117 Saarbrücken, Tel. 0681/9052159, www.saarbruecken.de/dfg // **ÖPNV** Bus 30, Haltestelle Schönecker Weg oder Bus 121, Haltestelle Ober der Deutschmühl, 5 Minuten Fußweg // **Öffnungszeiten** jederzeit

74_DIE KERAMIK-WERKSTATT

Mach's doch selbst!

Selbermachen – das lieben alle Kinder. Wenn das Ergebnis dabei auch noch so erfreulich ist wie in der Malbar, kann es besser gar nicht sein. Beim Gestalten ihrer selbst auserwählten Keramik sind den Wünschen junger Künstler hinsichtlich Form, Farbe und Design keine Grenzen gesetzt. Da kann sich die Kreativität wunderbar austoben.

Der Ablauf ist noch dazu herrlich unkompliziert. Die Kids wählen einen Keramikrohling. Was soll es sein? Zuckerdöschen, Sparschwein, eine neue Lieblingstasse oder lieber Müslischalen fürs Frühstück … stopp! Das ist dann doch nicht ganz so einfach wie behauptet. Bei der entzückenden Auswahl eine Entscheidung zu treffen, ist äußerst knifflig. Ist diese erste »Hürde« gemeistert, steht der nächste Entschluss ins Haus: das Design. Inspiration finden die Künstler in der Malbar zuhauf. Allerhand Musterstücke stehen zum Anschauen bereit. Ist auch das erledigt, folgt das Allerbeste: das Ausgestalten. Ob gestreift, getupft, gestempelt, mit Vorlage oder »frei nach Schnauze«, das Wichtigste ist, dass es Spaß macht. Wer Unterstützung braucht, dem stehen die netten Mitarbeiter gern mit Rat und einer Menge Erfahrung zur Seite.

Die letzte Station für das Kunstwerk ist der Brennofen. Jetzt ist die Geduld der Kinder gefragt. Es dauert ein paar Tage, bis das Werk abholbereit ist. Dafür ist es jetzt komplett alltagstauglich. Wie Keramik aus dem Geschäft, nur sehr viel schöner, denn hier ist das Ergebnis ein einmaliges Lieblingsstück. Ein echtes Unikat.

TIPP: Auch im Nauwieser Viertel, um genau zu sein, in der Cecilienstraße 15, hat das Spielzeugfachgeschäft »Spielbar« seine Heimat. Man munkelt, das Geschäft sei gefährlich, denn noch nie soll es jemandem gelungen sein, es ohne einen Einkauf zu verlassen. Trotzdem, wer diesen Ort nicht besucht, hat was verpasst.

Adresse Nauwieserstraße 13, 66111 Saarbrücken, Tel. 0681/40141921, www.malbar-saarbruecken.de, eine Rollstuhlrampe ist vorhanden, falls nicht vor Ort, bitte kurz melden // ÖPNV Saarbahn Haltestelle Johanneskirche, 5 Minuten Fußweg // Öffnungszeiten Di, Mi, Fr 12–19 Uhr, So 12–21 Uhr, Sa 10.30–20.30 Uhr, So 10.30–17 Uhr

75_DAS KLEINE THEATER IM RATHAUS

Wo die Puppen im Keller tanzen

Das Programm des Kleinen Theaters im Rathauskeller ist kunterbunt. Ob Klassiker wie »Sterntaler« in neuem Gewand, musikalische Märchen wie »Peter und der Wolf« oder moderne Bilderbuchhelden wie »Frederik die Maus« oder »Der kleine Rabe Socke«, im Kleinen Theater gibt es nichts, was es nicht gibt. Das Einzige, was all die regelmäßig am Sonntagnachmittag um Punkt 15 Uhr vorgeführten Geschichten gemeinsam haben, ist: Sie sind originell und lassen das Herz von jungen und auch schon etwas älteren Figurentheaterfans einige Takte höherschlagen.

Großartig sind obendrein das Ambiente und die Atmosphäre in dieser etwas anderen Spielstätte. Auch wenn die Bezeichnung »Keller« im ersten Moment nicht besonders verlockend klingt, davon sollte man sich keinesfalls abschrecken lassen. Im Saarbrücker Rathaus ist selbst der Keller entzückend. Das neugotische Gewölbe zaubert eine einzigartige Stimmung, und die passt richtig gut zu den oft eigenwilligen Darstellern auf der Bühne.

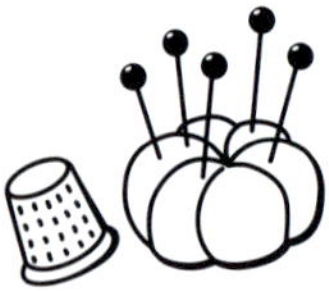

Ob nun traditionelles Puppentheater, Marionettentheater à la Augsburger Puppenkiste, Schattenspiele oder ungewöhnliche Darstellungsformen wie das Maltheater, wer sich auf das Abenteuer Figurentheater einlässt, auf den springt der Zauber mit sehr hoher Wahrscheinlichkeit über. Wem das passiert, der bleibt auf Lebzeiten Fan.

Adresse Rathausplatz, 66111 Saarbrücken, Tel. 0681/9054903 // **ÖPNV** Saarbahn S1, Haltestelle Johanneskirche, das Theater liegt im Ratskeller des Rathauses St. Johann, Eingang seitlich über Betzenstraße (unter den Arkaden) // **Öffnungszeiten** Spielplan unter: www.saarbruecken.de/de/kultur/theater // bitte die jeweiligen Altersangaben im Programm beachten

TIPP: Auf den Spielplänen des Theaters Überzwerg (www.ueberzwerg.de) und des schwimmenden Theaterschiffs Maria-Helena (www.theaterschiff-maria-helena.com) finden sich noch mehr Darbietungen für junge Theaterfans.

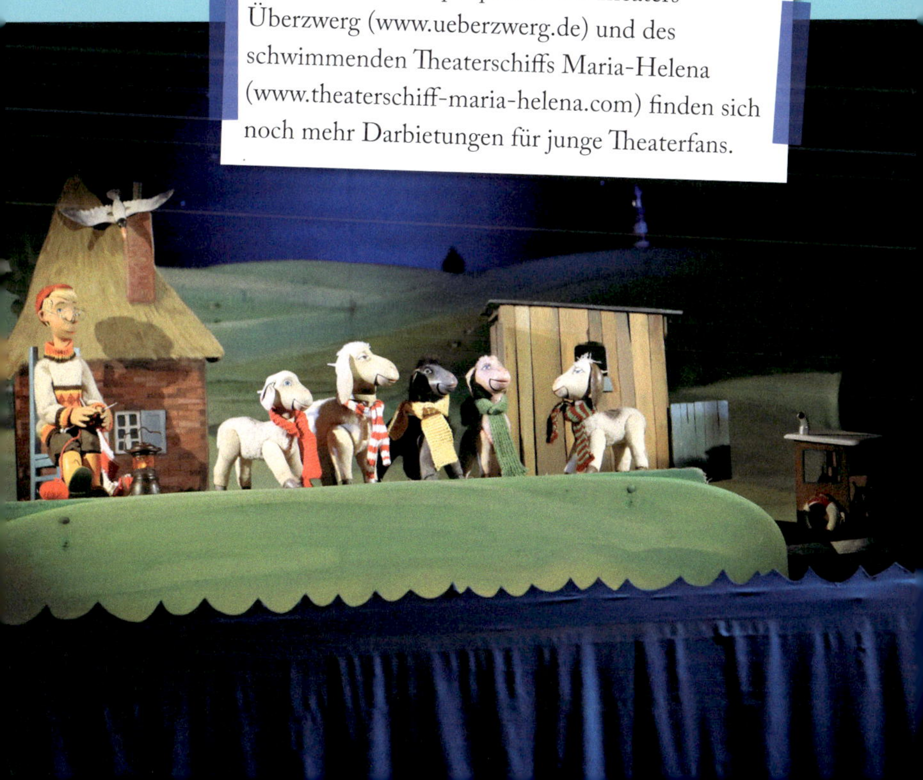

76_DER KUNST-TO-GO-AUTOMAT

Die kreative Überraschungskiste

Vor dem Ministerium für Bildung und Kultur in Saarbrücken hängt etwas Rechteckiges, aus der Ferne durchaus seltsam Anmutendes in poppigen Farben. Könnte ein Zigarettenautomat sein, zumindest auf den ersten Blick. Wer jedoch näher tritt, stellt verwundert fest, dass es sich um etwas anderes, äußerst Ungewöhnliches handelt.

Der Kunst-to-go-Automat bietet gleich drei Dinge auf einmal: Spaß, Spannung und Unterstützung für regionale Künstler. Wie beim Kaugummiziehen ist es purer Zufall, welche Kunst-Kleinigkeiten zum Verschenken, Sammeln oder Einfach-nur-drüber-Freuen zum Vorschein kommen. Es kann eine kleine Skulptur oder Zeichnung sein. Auch Kunstobjekte aus Holz, Keramik oder anderem Material sind in der Überraschungs-Kunstkiste verborgen. Wenn man Lyrik wählt, sogar ein Gedicht. Nur eine Sache lässt sich vorab mit hundertprozentiger Sicherheit sagen: Was immer man in seinen Händen hält, es ist ein Unikat, das ein echter Künstler erschaffen hat. Alle Kreationen sind handsigniert, und je nachdem, welche Kategorie der Kunstkäufer vorab gewählt hat, können sie auch aus dem Saarland stammen.

Jedes Kunst-Päckchen hat, wie die Zigarettenschachteln, die früher einmal im Automaten angeboten wurden, einen Warnhinweis. »Diese Kunst kann verwirren, erhellen, aufregen und süchtig machen. Zu Risiken und Nebenwirkungen fragen Sie sich selbst und schreiben uns die Antwort.« Das sind doch mal Nebenwirkungen, mit denen sich enorm gut leben lässt, und für Kinder ein erster Einstieg in die ganz eigene Kunstsammlung.

Adresse Trierer Straße 33, 66111 Saarbrücken, barrierefrei // ÖPNV vom Hauptbahnhof Saarbrücken in 5–10 Minuten fußläufig zu erreichen, hierzu vor dem Bahnhof rechts in die St. Johanner Straße abbiegen, der Automat hängt vor dem Restaurant L'Osteria // Öffnungszeiten jederzeit

TIPP: Von hier ist es nicht mehr weit bis zur Berliner Promenade. Flanieren am Ufer der Saar, sich ein Eis gönnen und an der großen Freitreppe Platz nehmen, während Schiffe und Boote auf dem Fluss vorbeiziehen. Das mögen nicht nur Saarbrücker.

77_DIE SAARBRÜCKER UNTERWELT

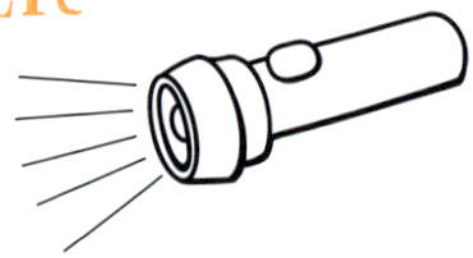

Echt unterirdisch!

Vor dem Saarbrücker Schloss liegt Besuchern ein spannendes Stück Vergangenheit 14 Meter »unter den Füßen«. Was unglaublich klingt, ist wahr – unter dem Schlossplatz liegt eine lange verborgene Burg. Schon allein um die zu erkunden, lohnt sich ein Besuch des Historischen Museum Saar, wo ein langer Steg im Untergeschoss zur unterirdischen Anlage führt.

999 fand das Castell Sarabruca erstmals Erwähnung. Damit begann eine Zeit des ständigen Wechsels auf dem Schlossberg: Mal wurden die Anlagen erweitert, ein anderes Mal zurückgebaut, und zuweilen wandelten sie völlig ihr Bild. So entschloss sich Graf Johann der IV. im 16. Jahrhundert, die Burg für den Fall eines Angriffs zu ertüchtigen. Die Wehranlagen und Kasematten wurden ausgebaut. Die Pläne kamen durch Johanns frühen Tod zum Erliegen, und da sich der übernächste Graf statt einer militärischen Festung ein Renaissanceschloss wünschte, blieben nur Teile des Bastionsausbaus erhalten.

Keine hundert Jahre später, im Jahr 1738, errichtete Friedrich Joachim Stengel, der Baumeister des Fürsten Wilhelm Heinrich, an gleichem Ort ein Barockschloss – unmittelbar auf den Trümmern des zuvor abgerissenen Renaissancebaus. Damit lagen die darunter befindlichen Bollwerke und Kasematten für Jahrhunderte verborgen unter der Erde. Ein Glücksfall, denn nur deshalb lässt sich heutzutage in die Saarbrücker Unterwelt hinabsteigen und auf Zeitreise gehen. Am besten warm eingepackt, denn bei dauerhaften 12 bis 14 Grad kann es dort unten frisch werden.

Adresse Schlossplatz 15, 66119 Saarbrücken // ÖPNV Bus 105, 108, 121, Haltestelle Schloßplatz // Öffnungszeiten Di, Do, Fr, Sa, So 10–18 Uhr, Mi 10–20 Uhr, Mo geschlossen

TIPP: Noch mehr Stadtgeschichten erzählt das Schlossgespenst, das im Saarbrücker Schloss regelmäßig zu einer kostenlosen Sonntagmorgen-Führung einlädt.

78_DIE SAARLODRI-AMPELN

Datt sinn' die Saarlodris …

… da guggen'er ei joh

Guggen – das ist das Stichwort. Seitdem die Saarlodris mehrere Fußgängerampeln der Landeshauptstadt verschönern, lohnt es sich für Klein und Groß, beim Überqueren der Straße noch ein wenig genauer hinzuschauen. Mit den lustigen Figuren ist es auch gar nicht mehr so ärgerlich, wenn die Ampel neben dem Saarbrücker Staatstheater von Grün auf Rot wechselt. In solch netter Gesellschaft harrt man gern mal bei einem Stadtbesuch am Straßenrand aus. Da bleibt jungen Gästen Zeit zum Verschnaufen und um sich die Heinzelmännchen der Saarländer, die gut gelaunte Saarlodri-Familie, genauer anzusehen. Als die Saarlodris im Jahr 1984 als Werbetrenner Premiere im Fernsehen hatten, gab es nur die Mamma, den Babba und den Kläänen. Das Töchterlein ist erst 1989 auf die (Fernseh-)Welt gekommen, ein Nesthäkchen sozusagen. Ein paar Jahre später waren die vier, die mit Vorliebe Saarbrücker Platt »gesprocht hann«, von der Bildfläche verschwunden.

TIPP: In St. Ingbert geleiten an acht Ampelanlagen Ampelmännchen mit Grubenlaterne über die Straße und erinnern dabei an die vielen ehemaligen Bergleute des Saarlandes.

Schade! Doch umso größer war die Freude, als die Saarland-Maskottchen 2019 unter anderem hier am Staatstheater in Erscheinung traten, um Fußgänger auf sichere und regionaltypische Weise über die Straße zu geleiten. Die Begeisterung bei den Saarländern über das Wiedersehen war vielleicht mit dafür verantwortlich, dass die sympathische Familie seit 2020 im runderneuerten Look »widda do iss«. Damit ist die Werbepause auch für die heutige Generation ein regionales Ereignis, das gute Laune macht.

Adresse Ecke Schillerplatz/Saarstraße, 66111 Saarbrücken, barrierefrei // ÖPNV Bus 128, 506, R10, Haltestelle Staatstheater

79_DER SCHLOSSFELSEN

Am Saarbrücker Weitblickpunkt

Wenn es in Saarbrücken einen Ort gibt, den man bei einem Besuch nicht verpassen sollte, dann ist es das Schloss. Nicht nur wegen des außergewöhnlichen Gebäudes – obwohl auch das ein guter Grund wäre –, sondern wegen des Panoramablicks. Von den Balustraden am Schlossgarten genießen Klein und Groß eine wahrhaft königliche Aussicht, und ein interessantes Suchspiel ist auch möglich. Mal schauen, ob junge Besucher all die Besonderheiten Saarbrückens wiederfinden, die von hier oben zu entdecken sind.

Zum einen wäre da die Saar, die der Stadt ihren Namen gibt. Dann die Alte Brücke. Zwar ist sie nicht die einzige, die von einer Seite des Ufers auf die andere führt, doch sie ist mit Sicherheit die berühmteste und gleichzeitig auch älteste Brücke des kleinen Bundeslandes. Ein weiterer erfreulicher Blickpunkt ist das imposante Saarländische Staatstheater, die Basilika St. Johann – gut zu erkennen am blauen Zifferblatt der Kirchturmuhr – und nicht zuletzt der historische Lastkran auf der linken Seite direkt am Saarufer. Alles miteinander hübsche Stücke saarländischer Geschichte.

TIPP: Wie wäre es jetzt mit Bewegung? Der Sprungpark Saarbrücken (www.sprungpark.de) und die Soccer Arena Saarbrücken (www.soccerarena-saarbruecken.de) sind nicht weit entfernt und liegen sich direkt gegenüber. Worauf fällt die Wahl: Trampolinspringen oder lieber Fußball?

Lässt man den Blick nach rechts wandern, sieht man das Landtagsgebäude. Hier, wo heute Gesetze und Beschlüsse gefasst werden, waren einst ein Casino und eine Weinhandlung untergebracht. Gleich daneben, weit in der Ferne, wächst ein mächtiger Schornstein in die Höhe. Das ist der Schornstein des Heizkraftwerks an der Römerbrücke. Na, alles entdeckt?

Adresse Schloßstraße 1–15, 66119 Saarbrücken // ÖPNV Bus 105, 108, Haltestelle Schloßplatz // Öffnungszeiten jederzeit

80_DER FLUGHAFEN-AUSGUCK

Da vergeht die Zeit wie im Flug!

Da ist schwer was los! Passagiermaschinen düsen heran, die erst nur als kleiner Punkt am Himmel sichtbar sind. Eine kommt soeben näher und wird immer größer. Der Flieger hält auf die Landebahn zu. Nun sind auch Fluggeräusche zu hören. Anfangs ein helles Surren, doch dann wird der Ton lauter und dröhnender. Ein wenig Qualm steigt auf, als die Räder die Rollbahn berühren. Die Maschine wird langsamer und kommt schließlich zum Stehen. Kurze Zeit später öffnet sich die Passagiertür, eine Treppe wird herangefahren, und erste Fluggäste verlassen das Flugzeug, während auch schon die Fracht entladen wird … Dieses Live-Abenteuer lässt sich in Ensheim aus bester Perspektive erleben.

Südlich des Geländes, an der Flughafenstraße, steht eigens dafür eine Aussichtsplattform bereit. Das gesamte Flughafenpanorama liegt jungen Technikfans quasi zu Füßen. Start- und Landebahn sind perfekt einzusehen. Da wird entladen und beladen, Fluggäste steigen ein, Flugzeuge werden betankt und rollen zur Startbahn, wieder dröhnen die Motoren, und dann fegen sie los in die Höhe, in Richtung Himmel. Von der Plattform aus entgeht einem nichts. Wer einen Fotoapparat oder ein Fernglas dabeihat, rückt sogar noch ein bisschen näher an das geschäftige Treiben heran.

Bei so viel Flughafenatmosphäre gehört etwas Fernweh beim Zuschauen mit dazu. Behauptete nicht einmal ein deutscher Sänger, dass die Freiheit über den Wolken völlig grenzenlos sein müsse?

Adresse Flughafenstraße, 66131 Saarbrücken-Ensheim // Anfahrt A 6, Ausfahrt Saarbrücken-Fechingen, auf Saarbrücker Straße Richtung Brebach-Fechingen/ später Provinzialstraße, im Kreisverkehr 2. Ausfahrt (An der Heringsmühle/ später Flughafenstraße/L 108), nach dem Teich auf Höhe der Solaranlagen führt links eine schmale Straße direkt zum Ausguck // Öffnungszeiten Sommer 9–18 Uhr, Winter von Sonnenaufgang bis Sonnenuntergang

TIPP: Am 1. Mai findet traditionell in Ensheim das Flughafenfest statt. Ein Tag, der viele Einblicke möglich macht, die das Herz von Flugzeugfans höherschlagen lassen.

81_DER DISC-GOLFPARCOURS

Wer hat den Dreh raus?

Was ist denn das? Im Stadtpark in Saarlouis, direkt neben dem integrativen Mehrgenerationenplatz, sind eine Reihe von Körben installiert. Die sind nicht zum Einkaufen, und ganz bestimmt sind es auch keine Müllkörbe. Etwas hineinwerfen soll man allerdings schon – die gelb-silbernen Objekte sind zum Golfen gedacht. Allerdings nicht mit Golfball und Schläger, sondern mit sogenannten Discs, bei uns weit bekannter als Frisbees.

Das Spielprinzip ist flott erklärt: Wie beim Golfen oder Minigolfen ist es das Ziel, den Disc mit möglichst wenig Würfen von der vorgegebenen Abwurfstelle aus im Zielkorb »einzuputten«. Ist der erste Wurf nicht gleich ein Treffer – was natürlich eine Wucht wäre –, so wird die Stelle, an der die Scheibe zum Liegen kommt, zum neuen Abwurfpunkt. Daher lohnt es sich, vorsichtig und nicht mit zu viel Schwung zu werfen, denn so kommt man nach und nach dem Ziel näher, und ein Einputten wird immer wahrscheinlicher. Die für jede Bahn benötigten Würfe werden addiert, und der Spieler, der am Ende des Parcours die wenigsten Würfe aufweisen kann, ist Sieger. Das war es schon!

Auch wenn das alles ganz schön theoretisch klingt, praktisch ist Disc-Golfen ein prima Freiluftsport und Megavergnügen für die ganze Familie, das man unbedingt einmal testen sollte. Was man wissen muss, ist schnell gelernt, und Übung macht den Meister. Ruckzuck haben Groß und vor allen Dingen Klein beim Spielen »den Dreh raus«.

TIPP: Wer möchte mal auf eine Insel? Dann nichts wie los. Über die nahe gelegene Brücke geht es zur Vauban-Insel, von wo aus man auf einem Liegestuhl den Ausblick auf den Saaraltarm genießen kann. Das hat Flair.

Adresse Stadtpark, 66740 Saarlouis // ÖPNV Bus 401, 402, 403, 404, 463, Haltestelle Hallenbad Saarlouis, rechts durch den Katerturm, dem breiten Fußweg durch den Park folgen, 5 – 10 Minuten Fußweg // Öffnungszeiten jederzeit

82_DIE SCHLUCHT

Das riecht nach Abenteuer

Mit Wanderstiefeln und Buddelhose sind Kinder für die Tour durch die Mühlenbachschlucht bestens gerüstet. Das ist ein kleines, aber entzückendes Wildwest-Abenteuer, denn genau daran erinnert die Landschaft. Selbst Wandermuffel vergessen hier das Nörgeln, weil bereits der Abstieg in die Schlucht kreuz und quer über Holztreppen so aufregend ist. Die Sicht ins Tal ist grandios. Nur das Rauschen des Mühlenbaches und das Zwitschern zahlreicher Vögel, die sich hier erfrischen, sind zu hören. Rundum Natur.

Nach der letzten Treppe treffen die Ausflügler auf den schönsten Punkt der Schluchtentour: den Wasserfall. Es plätschert und glitzert und rauscht. Dort unten hat sich der Mühlenbach seinen eigenen Lauf durch die Landschaft gegraben. An seinem Ufer führt der Weg durch das Tal, sodass das Bächlein für eine kleine Weile die Wanderer auf ihrer Tour begleitet. Immer am Wasser entlang geht es über Stege und Brücken mit prächtigen Ausblicken und einer besonderen Atmosphäre. »Och, schade!«, heißt es, wenn der Pfad schließlich aus dem Tal herausführt, wieder über Treppen zurück in die normale Welt.

Beim letzten Blick hinab in die Schlucht bietet sich ein Panorama, das es in sich hat. Als würde man an der Saarschleife stehen, vollführt der Mühlenbach in der Ebene eine Wende. Das ist, wenn es vorab viel geregnet hat, ein tolles Naturschauspiel, und damit summiert sich noch ein weiteres zauberhaftes Erlebnis zur Schluchten-Tour dazu.

Adresse 66793 Saarwellingen, GPS: 49.37050465431553, 6.871164923409006 // Anfahrt A 8, Ausfahrt Saarwellingen, L 105 Richtung Saarwellingen/Vorstadtstraße, im Kreisverkehr 2. Ausfahrt (Schlossplatz), im Kreisverkehr 2. Ausfahrt (Lebacher Straße/L 142), vor Hoxberg rechts in Zum Nordschacht, Straße bis zum Wanderparkplatz an der Kreuzung (Husarenkreuz) folgen, zu Fuß rechts in Richtung RAG Nordschacht, nach 200 Metern rechts auf den Wanderweg »Mühlenbachschlucht« wechseln

TIPP: Wer jetzt noch Power in den Beinen hat, dreht eine tierisch schöne Runde im Wildfreigehege Wolfsrath in Saarwellingen.

83_DIE WESTERN-CITY

Jaja, yippie, yippie – yeah!

Spielen und dabei Sprachen lernen, das ist in Schiffweiler machbar. »Fort Millbrook Station« prangt am Eingang des Westernspielplatzes. Fort stammt aus dem Englischen und bedeutet Festung oder Burg. Mill steht für Mühle, und Brook heißt übersetzt Bächlein. Burg Mühlenbächlein also. Das passt super, denn der Spielplatz liegt am Mühlbach, und die phantastische Anlage ist zweifellos eine Hochburg für Rollenspiele.

Was es da alles gibt! Einen Saloon, eine Bank, den Kaufmannsladen »Keersmaker's Store« und nicht wirklich zuletzt eine supertolle Postkutsche. Jetzt beginnt die erste Heldentat des Tages im Galopp. Der fiese Gangsterboss Luziano und seine Kumpane haben kürzlich die Bank ausgeraubt. Ihr nächstes Ziel wird fraglos die Postkutsche sein, denn die hat reiche Gäste an Bord. Doch da haben die Gangster die Rechnung ohne Calamity-Leonie und Django-Conrad gemacht. Als neue Sheriffs werden sie den Halunken das Handwerk legen.

In Schiffweiler verbringen Cowgirls und Cowboys Stunden – wenn nicht sogar Tage –, ohne dass ein Funke Langeweile aufkommt. Nicht leicht haben es nur die Eltern am Ende des Tages, wenn der Heimweg angetreten wird und die Kids sich von der lieb gewonnenen Westernstadt trennen sollen. Mit einer originellen Erinnerung an den Tag im Wilden Westen fällt das sicher leichter. Neben der Bank ist ein Fahndungsschild angebracht, durch das die Kids für ein Foto ihren Kopf stecken können. 2.500 Dollar Belohnung, ist doch nicht zu fassen! Was haben die Kinder da wieder angestellt?

TIPP: Fans von Themenspielplätzen erstürmen auch die Ritterburg in der Margarethenstraße und entern danach das Piratenschiff in der Försterstraße.

Adresse Anton-Bruckner-Straße, 66578 Schiffweiler // **Anfahrt** A 8, Ausfahrt Neunkirchen, auf B 41 in Richtung Idar-Oberstein/St. Wendel/Ottweiler, im Kreisverkehr 2. Ausfahrt (Redener Straße/Kreisstraße), rechts auf Hauptstraße, links auf Mühlbachstraße/Heiligenwalder Straße, rechts auf Anton-Bruckner-Straße, der Spielplatz liegt auf der linken Seite, Parkplätze gegenüber // **Öffnungszeiten** rund um die Uhr

84_DER WASSERWEG

Steine-Hüpfen

Der Wassergarten in Landsweiler-Reden bietet mit seinen unterschiedlichen Becken zahlreiche Möglichkeiten, um »übers Wasser zu gehen«. Ausgesprochen spektakulär ist der Mosesgang, wo warmes Grubenwasser wasserfallartig die Wände hinabströmt. Feinster Nebel liegt in der Luft, und der Besucher selbst wandelt mittendrin. Auch die Trittplatten werden dabei von Wasser überflutet, was sie rutschig macht – also hier bitte besonders gut aufpassen.

Einen bezaubernden und im Vergleich zum Mosesgang eher ruhigen Wasserweg finden Gäste gleich hinter den mächtigen Industriehallen vor. In von Kindern leicht überwindbaren Abständen führt der Pfad zwischen hohem Schilf über Steinblöcke. Und »Hopp« und »Hopp« geht es voran. Bei jedem Schritt heißt es sich zu konzentrieren und das Gleichgewicht zu halten, denn sonst hat man schnell nasse Füße. Nichtschwimmer reichen den Großen ihre Hand, wenn sie von einem Stein zum nächsten hüpfen und gut gelaunt das Ufer erreichen, wo die Wasserreise bestimmt noch kein Ende hat. »Bitte, bitte, gehen wir gleich noch mal!«

Ein Hinweis: Der Wasserweg verläuft nicht gerade. Das ist in asiatischen Gärten oft so und hat einen niedlichen Grund: Der Zickzack-Verlauf soll Geister, die dem »Wasserhüpfer« folgen, aus dem Konzept bringen. Da Spukgestalten nur geradeaus laufen können, plumpsen sie irgendwann unweigerlich ins Wasser. Eine lustige Vorstellung, die das Wasserlaufen sogar noch ein wenig aufregender macht.

Adresse Bildstockstraße, 66578 Schiffweiler-Landsweiler, das Gelände selbst ist barrierefrei, der Steine-Weg und Mosesgang nicht // **Anfahrt** A 8, Ausfahrt Friedrichsthal-Bildstock, in Richtung Bildstock, rechts auf die Illinger Straße, im Kreisverkehr 3. Ausfahrt auf Neunkircher Straße, links auf Redener Straße, im Kreisverkehr 2. Ausfahrt auf Bildstockstraße bis zum Parkplatz, kurzer Fußweg vorbei an »Gondwana – Das Praehistorium«

TIPP: Unmittelbar neben dem steinigen Wasserweg haben Frösche das Ufer zu ihrer Sonnenterrasse erklärt. Spazieren Besucher vorbei, treten die Quaker die Flucht ins kalte Nass an und veranstalten dabei ein gut hörbares Plitsch-Platsch-Konzert.

85_DER SCHAUBIENENSTOCK

Honigfabrikanten-TV

Zuschauen bildet. Zumindest im Falle des Honigfabrikanten-TV steht das außer Frage. Wer jetzt denkt: »Ist ja voll langweilig, das ist doch immer der gleiche Sender«, der hat noch nie einen einzigen Blick in den flachen Schaubienenstock an der Bettinger Mühle geworfen. Bienen zu »bespitzeln« und bei der Arbeit im Stock zu erleben, ist hoch spannend und aufschlussreich.

Wer die Riegel am Schaukasten umlegt und die Holzklappe öffnet, kann, ohne den fleißigen Sammlern in die Quere zu kommen, vier Waben und das geschäftige Treiben darin erspähen. Die Königin, die bis zu 2.000 Eier täglich legt, ist schnell gefunden. Sie hat eine Markierung und ist deutlich größer als die anderen. Auch die Entwicklungsstufen der Biene vom Ei zur Made, dann zur Puppe und zum fertigen Insekt sind gut zu erkennen. Jede Honigbiene hat im Stock bestimmte Arbeiten zu erledigen. Frisch geschlüpft sind die jungen Insekten zuerst als Arbeiterinnen im Stock tätig. Sie putzen oder kümmern sich um die Waben. Sind sie erfahrener, dürfen sie ausfliegen. Als fleißige Sammelbiene oder als Spurbiene, die am Morgen als Erste den Stock verlässt, um Nahrungsquellen aufzustöbern. Alle gesammelten Informationen gibt sie mit Hilfe ihres Schwänzeltanzes ans Volk weiter: Wo gibt es Nektar, und in welcher Richtung ist er zu finden, davon erzählen die tänzelnden Bewegungen.

TIPP: An der Bettinger Mühle gibt es außerdem das Mühlenmuseum und den bäuerlichen Lehr- und Schaugarten zu besichtigen. In direkter Nähe des Bienenschaukastens hängt eine hübsche Vogelhäuser-Sammlung für heimische Vogelarten.

Das Bienen-TV sollte wie ein normaler Fernseher nach dem Schauen »abgeschaltet« werden. Hierzu bitte die Klappe schließen, denn zu viel Sonne oder Kälte vertragen die Honigproduzenten nicht.

Adresse Kulturzentrum Bettinger Mühle, Hüttersdorfer Straße 29, 66839 Schmelz // Anfahrt A 8, Ausfahrt Saarlouis, auf B 269 in Richtung Saarwellingen, im Kreisverkehr Nalbach 1. Ausfahrt (B 269), im Kreisverkehr Körperich 3. Ausfahrt auf L 143, über Hüttersdorf erreicht man die Mühle, Parkplätze gibt es vor Ort // Öffnungszeiten je nach Wetterlage steht der Bienenschaukasten von Mai – Anfang Okt.

86_DER SAGENWEG FRÖSCHENPFUHL

Zum Kuckuck!

Mystisch schöne Naturaussichten, viel frische Luft und Training für Kopf und Körper, diese spannende Mixtur erwartet junge Walderoberer auf dem Actionbound Fröschenpfuhl in der Nähe von Hassel. Los geht‘s am Wanderparkplatz Am Fröschenpfuhl. Wer sich zu Hause die Actionbound-App und den Sagenweg »Fröschenpfuhl« auf sein Smartphone geladen hat, ist bestens für die Tour gerüstet. Nicht einmal ein Funkloch wäre nun noch in der Lage, dem Waldabenteuer einen Strich durch die Rechnung zu machen. Nach einer kurzen Etappe ist bereits die erste Station erreicht. Das erkennt auch die App, sodass sich ganz und gar auf die kniffligen Herausforderungen konzentrieren lässt. Wie lange brauchen Eichen wohl, um zu verrotten? Manchmal reicht eine Schätzung, ein anderes Mal heißt es, sich für eine Antwort zu entscheiden, und zuweilen wird es zur Herausforderung, den in der App gesuchten Ort zu finden. Dabei treffen Waldgäste einiges Ungewöhnliche im Hasseler Wald an: Mächtig Eindruck machen die Riesenameisenhaufen und auch Hannibal, die stärkste Ameise der Welt. Waldgespenster, die kuriose Kuckucksgeiß und zwei Buchen, die so ineinander vernarrt sind, dass sie für immer vereint bleiben wollen, überraschen am Rande des Weges und geben Rätsel auf. Bei so viel Gehirnjogging bieten die am Wegrand stehenden Wald-Fitnessgeräte eine willkommene Abwechslung. So vergehen die anderthalb bis zwei Stunden, die es für diese ungewöhnliche Schnitzeljagd braucht, wie im Fluge.

Adresse Waldparkplatz Am Fröschenpfuhl, Neuhäuseler Straße 113, 66386 St. Ingbert // Anfahrt A 6, Ausfahrt St. Ingbert Mitte, auf L 111/ St. Ingberter Straße Richtung Hassel, links in Lindenstraße, leicht versetzt geradeaus in Marktplatzstraße/später Neuhäuselerstraße, dieser bis zum Ende folgen, Parkplätze auf dem erreichten Waldparkplatz / Öffnungszeiten jederzeit

TIPP: Gar nicht weit entfernt, am Würzbacher Weiher, finden sich eine Reihe von empfehlenswerten Einkehrmöglichkeiten. Ob Annahof, Biergarten Niederwürzbach oder das Café am See, so nah am Wasser kommt Strandfeeling auf.

87_DIE EICHERTSFELSEN

Höhlisches Vergnügen

Hei-ho, hei-ho, wir sind vergnügt und froh … Der Aufstieg zu den Eichertsfelsen ist eine Herausforderung für junge Wanderzwerge und fordert ihnen ein bisschen Puste ab, aber es macht auch Spaß, den schmalen, steilen Trail zwischen den idyllisch gelegenen Fischerweihern hinaufzukraxeln. Wanderschuhe sind auf diesem Pfad ein Segen, denn es gibt die ein oder andere rutschige Stelle. Doch wer ein wahrer Abenteurer ist, der lässt sich von so was nicht schrecken.

Oben angekommen, überrascht ein »durchlöchertes« Naturdenkmal die Unerschrockenen. Schon geht es hinein in die Höhlen aus ausgewaschenem grün-grauen Sandstein. Hochgewachsene sollten nicht vergessen, sich zu ducken, denn niemand soll später mit Beulen den Heimweg antreten. Gleich drei Zugänge bieten sich an, um die Grotte zu erkunden. Eine Taschenlampe ist hier sehr von Nutzen. Wer keine dabeihat, nimmt eben die Handylampe zu Hilfe. Die Felsenwege führen einige Meter in den Berg hinein, und es ist eine spannende Angelegenheit, zu erforschen, wohin sie führen.

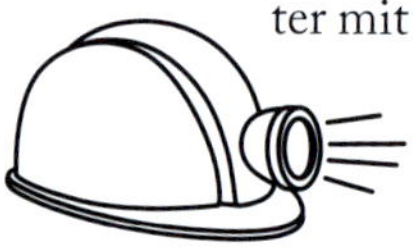

Als Anregung: Die Höhlenformationen sind der perfekte Ort für ein lustiges Versteckspiel, denn in den Felsen finden sich viele Eckchen und Winkel zum Verstecken. Auch ein Höhlenpicknick mit Blick aus den Eichertsfelsen, wo sogar ein paar hölzerne Sitze bereitstehen, ist ein seltener Genuss, der Kindern sicher lange im Gedächtnis bleiben wird.

Adresse 66386 St. Ingbert-Oberwürzbach, GPS: 49.25179113939366, 7.147361402505449 // Anfahrt A 6, Ausfahrt St. Ingbert-West, auf L 126, links auf L 235/Hauptstraße, in Oberwürzbach links in Talstraße, Parkplätze am Felsenbrunnen Oberwürzbach, von hier auf dem Hüttenwanderweg bis zu den Eichertsfelsen, 10–15 Minuten Fußweg // Öffnungszeiten jederzeit

TIPP: Lust auf ein echtes Abenteuer? Auf dem interaktiven Sagenweg »Zauberkristall« führt Kobold Alois auch entlang des Eichertsfelsens. Mehr unter: https://www.saarpfalz-touristik. de/erlebnisse/familienzeit/aktiv-in-der-natur/st-ingberter-sagenwege-1.

88_DER ROLLENDE BRUNNEN

Fast wie unsere Weltkugel

Wie kann die Kugel sich immerzu weiterdrehen, ohne dass sie jemand anschubst? Die ist doch aus Stein und furchtbar schwer. Eine gute Frage. Zauber ist da nicht im Spiel, das ist sicher. Auch wenn der Brunnen in St. Wendel, der an eine Weltkugel erinnert, eine magische Anziehungskraft auf Klein und Groß besitzt, ist er nüchtern betrachtet »nur« ein physikalisches Schauspiel im Riesenformat.

Kugelbrunnen funktionieren immer nach dem gleichen Prinzip, und da ist es völlig egal, ob es sich um einen winzigen Zimmerbrunnen handelt oder um ein vier Tonnen schweres Wasserspiel, wie es in St. Wendel der Fall ist. Beide Male findet man einen Basisstein vor, auf dem die Kugel aufliegt. Auf dem Rezé-Platz ist dies ein großer Steinquader mit einer Mulde in der Mitte, in der die imposante Kugel eingebettet ist. Die zweite »Zutat« ist Wasser. Mit seiner Kraft und der Hilfe von Pumpen wird die Kugel um ein paar Millimeter angehoben. Kaum ist das geschehen, kommt das Schauspiel in Gang. Auf dem dünnen Wasserfilm in der Mulde beginnt die Kugel zu schweben und sich zu drehen. Es sprudelt, plätschert und gurgelt unentwegt, und immer wieder wirbelt die Kugel von Neuem um ihre eigene Achse.

TIPP: Völlig autofrei und mit wenig Steigung auf dem Rad unterwegs sein – das geht auf dem 12,3 Kilometer langen, durchweg asphaltierten Wendelinus Rad- und Wanderweg, der bis zur Ankunft in Tholey am Rand der Strecke einiges Spannende für Kinder bereithält.

Es gibt noch ein Kuriosum um diesen Brunnen, der nie stillsteht. Er interagiert mit den Besuchern. Kinder brauchen der Kugel nur einen Schubs mit der Hand zu geben, und – schwups – schon ändert sie ihre Drehrichtung. Die Welt(-Kugel) wird durch Kinderhand auf den Kopf gestellt.

Adresse Am Zwinger, 66606 St. Wendel // **Anfahrt** A 1, Ausfahrt Tholey, auf B 269 Richtung über Tholey, Alsweiler und Winterbach nach St. Wendel, hier auf B 269/Tholeyer Straße bleiben, nach der Unterführung rechts auf Mommstraße, links auf Bahnhofstraße, links zum Parkplatz »Auf der Mott«, der Brunnen liegt direkt hinter dem Mia-Münster-Haus

89_DAS SKATE-PARADIES

Auf die Rollen und los geht's!

Der Wendelinuspark ist das saarländische Schlaraffenland für alle Sportbegeisterte, die gern auf Rollen stehen. Als eine der größten Skateanlagen Europas bietet sie Neulingen und Profis mit Fun-, Curb- oder Kombibox, Snakerun, Quarterpipe und einer Reihe von Rampen ein grandioses Spielfeld, um sich selbst auszuprobieren und seine Fähigkeiten zu verbessern. Äußerst erfreulich ist das Miteinander, das die meist jungen Besucher pflegen. Über Patzer wird grundsätzlich nicht gelacht, stattdessen unterstützen sich die Sportler gegenseitig. Somit können Neueinsteiger völlig angstfrei ihre ersten Schritte auf dem Board wagen und bekommen von »alten Hasen« sogar noch den ein oder anderen Tipp, wie sich die Fahrtechnik optimieren lässt. Auch einfach nur von der Rasentribüne aus zuzuschauen, ist ein tolles Erlebnis, denn viele Fahrer haben spektakuläre Tricks in ihrem Repertoire.

Die Anlage ist nicht nur für Skater konzipiert. Auch Inlineskater, Laufradler oder BMX-Radfahrer und sogar junge Helden auf dem Bobbycar haben auf dem 300 Meter langen Speedskating-Oval, das um die Skateanlage führt, einen Megaspaß.

Die Nutzung der Anlage ist kostenfrei, und es lohnt sich, bei einem Besuch jeden fahrbaren Untersatz einzupacken, der sich im heimischen Fuhrpark findet. Nur eins nicht vergessen: Bitte Helm sowie Arm- und Knieschoner mit dazupacken, denn fallen, »Krönchen richten« und es noch mal probieren sind hier Alltag.

TIPP: Direkt neben der Skateanlage nimmt ein 5,2 Kilometer langer, asphaltierter und beleuchteter Rundweg seinen Anfang. Das bietet jungen Laufrad- und Fahrradfahrern oder Inlineskatern in den Wintermonaten beste Möglichkeiten für eine »autofreie« Nachtfahrt.

Adresse Golfparkallee, 66606 St. Wendel // Anfahrt A 1, Ausfahrt Tholey, B 269 über Tholey, Alsweiler und Winterbach nach St. Wendel, im Kreisverkehr 2. Ausfahrt, weiter auf B 269/Tholeyer Straße, gleich darauf links in Golfparkallee, großer Parkplatz, die Skate-Anlage schließt direkt daran an // Öffnungszeiten jederzeit

90_DIE WEIHNACHTS-ZAUBERSTADT

Maronenduft und Lichterglanz

Weihnachten und die Zeit davor sind herrlich. Ganz besonders für Kinder. Wer dem Weihnachtszauber völlig erlegen ist, der kann sich im festlich geschmückten St. Wendel noch eine Extraportion weihnachtliches Flair mit viel Maronenduft und Lichterglanz in allen Gassen zu Gemüte führen. Das ist so schön, es fühlt sich an »wie Weihnachten und Ostern zusammen«.

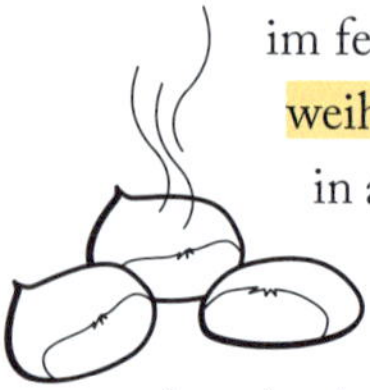

Warum die Vorweihnachtstage in St. Wendel so einzigartig sind, fragt man sich da vielleicht. Das ist schnell verraten. Da wäre zum einen der alljährliche Zwergenwald. 300 bemützte Winzlinge treiben dort eine Menge weihnachtlichen Unfug. Der zweite Grund ist das mittelalterliche Spectaculum. Feuerkünstler, Magier, Gaukler zeigen auf dem Marktplatz ihr Können. Die Kinder wiederum erproben sich als Handwerker im Spinnen, Weben, Drechseln und anderen fast schon vergessenen Künsten. Grund Numero drei ist die gigantisch hohe, atemberaubende Weihnachtspyramide am Schlossplatz. Nummer vier das Nostalgiekarussell? Es könnte aber auch die lebende Krippe sein. Nummer fünf sind die Turmbläser, die von der Balustrade der St. Wendeler Basilika ihre Instrumente erklingen lassen. Womöglich haben sich die Nachtwächter aber auch diesen Platz verdient. Ebenso wie die über 150 Marktstände, die Speisen und Unikate zur Weihnachtszeit bieten …

Ich nehme alles zurück. Zu beschreiben, warum der St. Wendler Weihnachtsmarkt so einmalig ist, sprengt die Möglichkeiten dieses Buches. Das muss man selbst einmal erlebt haben.

TIPP: Der Ostermarkt mit dem Osterdorf mit all den putzigen kleinen Details, die der Künstler Karl Heindl erschaffen hat, ist ein weiteres Jahreshighlight in St. Wendel.

Adresse Fußgängerzone um Rathaus und Dom, 66606 St. Wendel // **ÖPNV** Bahnhof St. Wendel, 10 Minuten Fußweg // **Anfahrt** A 1, Ausfahrt Tholey, auf B 269 über Tholey, Alsweiler und Winterbach nach St. Wendel, da der Weihnachtsmarkt gut besucht ist, bitte Parkleitsystem in St. Wendel beachten oder ÖPNV nutzen // **Öffnungszeiten** Weihnachtsmarkt zwischen dem 2. und 3. Adventswochenende, bitte vorab informieren unter: www.tourismus.sankt-wendel.de

91_ DER KLAPPERSTORCHENSTEIN

Tanz dir eine Schwester (oder einen Bruder)

Wer glaubt an den Klapperstorch? Im Raum Tholey einige. Anlass dazu gibt der Klapperstorchenstein, der nur ein paar hundert Meter vom Schaumbergplateau entfernt im Wald zu finden ist.

Um zu diesem Steinunikat zu gelangen, begeben sich Besucher am besten auf die 800 Meter lange Tholixrunde – und damit in die römische Vergangenheit des Schaumbergs. Start ist in Parkplatznähe, und Tholix, das bärtige Männlein auf den Schildern, ist der Wanderführer. Er geleitet entlang einer antiken Wallanlage. Diese umgab die römische Höhenburg Castrum Theulegium, die sich zu einer mittelalterlichen Burg entwickelte und im Jahr 700 nach Christi erstmals urkundlich erwähnt wurde. Damit zählt sie zu den ersten Burganlagen Deutschlands. Doch das ist gerade egal, denn in dieser Sekunde versperrt ein riesiger Stein den Weg. Ist das etwa …? Richtig. Das ist der Klapperstorchenstein.

Stolze 250 Millionen Jahre alt ist der Koloss aus echtem Tholeiit, einem Magmagestein, das nur im Schaumberger Land zu finden ist. Bereits von den Kelten verehrt, wurde er zu einem Anziehungspunkt für Familien, die sich weiteren Nachwuchs wünschen. Dabei sind gewisse Regeln zu beachten: Soll es ein Mädchen werden, so hüpft die Erstgeborene zwei Runden um den Stein und ruft die Worte: »Klapperstorch, du Bester, bring mir eine Schwester.« Ein Bruder erfordert zusätzlichen Aufwand: Drei Runden um den Stein sind nötig, und hier lautet der Spruch: »Klapperstorch, du Guter, bring mir einen Bruder.«

TIPP: Im Erlebnispark Schaumberg ist ein Wasserspielplatz beständig auf die Hilfe junger »Wasserratten« angewiesen und auf dem Schaumberger Bogensportparcours (Verleih im Eingangsbereich des Erlebnisbades) können schon etwas ältere Robin-Hood-Anwärter ihre Zielsicherheit beweisen.

Adresse Zum Schaumbergturm 2, 66636 Tholey // Anfahrt A 1, Ausfahrt Tholey, B 269 Richtung Tholey, links auf Zum Schaumberg, auf der Höhe links auf Zum Schaumbergturm, Straße bis »Parkplatz an der Schaumberg-Alm« folgen (nicht der untere Parkplatz), nur ein paar Schritte bergauf, dann beginnt links die Tholixrunde

92_DER STEG ZUM HIMMEL

Im Höhenflug über das Saarland

Beim Betreten des Schaumbergplateaus, 566 Meter über dem Meeresspiegel, stellt sich wie automatisch ein enormes Hochgefühl ein. Auf dem Schaumberg, dem Hausberg der Saarländer, genießen Höhenfans einen traumhaften Ausblick in alle Himmelsrichtungen, und seit einigen Jahren können Groß und Klein sogar zum Himmelsläufer werden. Auf dem Aussichtssteg, frei schwebend auf acht Meter Länge, lässt sich über dem steilen Abhang dem Horizont entgegenlaufen. Dabei liegt einem das Saarland zu Füßen.

Aus der »Himmelsperspektive« sieht die Region ein wenig anders aus. Die Häuser erscheinen winzig klein, Kirchenturmspitzen erheben sich in die Höhe, und all die vielen bunten Felder sind zu winzigen Rechtecken geworden. Gleich vorne liegt die Gemeinde Tholey, doch was ist in der Ferne auszumachen? Das muss Marpingen sein und das daneben die Bergehalde in Landsweiler-Reden. Der Sendemast auf der Göttelborner Höhe ist ebenso schnell gefunden, und bei gutem Wetter können mit etwas Glück die Spitzen der Vogesen gesichtet werden. Vielleicht kann der ein oder andere Weitblicker aus dieser erhabenen Position heraus sogar schon das nächste spannende Ausflugsziel erspähen. Bevor es an den Abstieg geht, sollte das Schaumberg-Plateau unbedingt weiter erkundet werden: Der Abenteuerspielplatz, die urige Almgastronomie, der Schaumbergturm, der noch weiter in die Höhe führt, und die Wunschfahnen … ein Streifzug zum Tholeyer Schaumberg findet nie ein schnelles Ende.

TIPP: Eine 103 Meter lange Tunnelrutsche, ein Lagunenbecken mit Strömungskanal und ein extra Babybecken – das Erlebnisbad Schaumberg am Fuße des Schaumbergs wird seinem Namen voll und ganz gerecht.

Adresse Zum Schaumbergturm 1, 66636 Tholey, barrierefrei, auf dem Plateau stehen Behindertenparkplätze zur Verfügung // Anfahrt A 1, Ausfahrt Tholey, B 269 in Richtung Tholey, in Tholey links auf Am Schaumberg, oben links auf Zum Schaumbergturm, Straße bis zu »Parkplatz an der Schaumberg-Alm« folgen (nicht der untere Parkplatz für den Herzweg), 5 Minuten über steilen Fußweg bis zum Plateau // Öffnungszeiten jederzeit

93_DAS MÜHLRAD

Da klappert die Mühle noch

Seit über 400 Jahren dreht sich das Mühlrad an der historischen Johann-Adams-Mühle, die eine der letzten noch intakten Wassermühlen des Saarlandes ist. Dem Mühlrad bei der Arbeit zuzusehen, bereitet Kindern große Freude. Kein Wunder, denn hier greift ein Rad in das andere, alles ist haarklein aufeinander abgestimmt. So eine Mühle soll schließlich nicht nur hübsch aussehen, sondern hat eine wichtige Aufgabe. Zumindest hatte sie die in früheren Zeiten, als mit Hilfe des Mühlrades noch Korn gemahlen wurde.

Wie das im Einzelnen vonstattenging, nehmen Kinder vor Ort selbst in den Blick. Für jede Wassermühle braucht es ein fließendes Gewässer. Das findet sich in Theley in Form des Mühlteichs etwa 50 Meter oberhalb der Mühle. Über eine zwölf Meter lange Rinne, die über drei Brückenbögen führt, gelangt das Wasser hinab ans Mühlrad und trifft auf die Schöpfwerke aus Holz. Diese bringen unter dem Gewicht des Wassers das Rad in Schwung, das wiederum mit dem Mühlhaus verbunden ist. Dreht es sich, setzen sich in der Mühle auch die Mahlsteine in Bewegung. Exakt auf diese Weise wurde in früheren Tagen das Korn zu Mehl verarbeitet.

Besonders interessant ist hierbei, dass es dafür keinerlei Strom brauchte, sondern nur Ideen, Köpfchen und Tatkraft. »Grüne Energie«, was das Thema anbelangt, hatte man schon vor mehr als 400 Jahren den Dreh raus.

Adresse Johann-Adams-Mühle, 66636 Tholey-Theley, Tourismuszentrale Tel. 06853/50866 // Anfahrt A 1, Ausfahrt Nonnweiler-Primstal, im Kreisverkehr 3. Ausfahrt (L 147/Primstalstraße), links auf »Zur Johann-Adams-Mühle«, Wanderparkplätze links, noch bevor sich die Straße gabelt, kurzer Fußweg, einmal rechts und kurz darauf links, dann steht man vor der Mühle // Öffnungszeiten jederzeit

TIPP: In der Johann-Adams-Mühle wird regelmäßig nach alter Rezeptur Brot gebacken. Im 200 Jahre alten Steinbackofen Leckeres zuzubereiten, macht Kindern Spaß. Termine unter: Tel. 06853/50815.

94_DER ENTWEDER-ODER-ORT

Eiskalte Wasserspiele oder magische Lagune

Der Wald um Berus ist ein echtes Überraschungspaket mit gleich zwei ausgesprochen schönen Attraktionen. Mindestens eine von ihnen lohnt immer einen Besuch. Welche es ist, hängt vom Wetter ab.

Da wäre zum einen der kleine Wasserfall des Chirathbachs. Der ist weit besser als jeder noch so gut durchdachte und lang geplante Wasserspielplatz. An Tagen, an denen es vorab viel geregnet hat, sprudelt es aus allen Ecken, und so gibt es für Wasserbegeisterte – und welches Kind zählt nicht dazu? – eine Menge zu tun. Stauen, Umleiten, Wasserwege verbessern und bestehende Bachläufe von Holz und Laub befreien, damit das kühle Nass wieder ungestört fließen kann. Um hier Spaß zu haben, muss es nicht einmal warm sein. Mit Gummistiefeln und Matschehose sind junge Wasserarbeiter bestens auf alle Herausforderungen vorbereitet.

An sonnenreichen, weniger feuchten Tagen zeigt sich das zweite Naturwunder im Beruser Wald. Folgen die Kinder dem Weg vom Wasserfall aus links bergab für etwa 400 bis 500 Meter, so treffen sie auf etwas, das man im Saarland keinesfalls vermuten würde – eine Lagune. Ihr bezaubernd tiefes Türkis entsteht durch das Zusammenspiel von passender Sonneneinstrahlung und kalkhaltigem Boden, wie er hier im Beruser Wald vorkommt. Nicht immer hat man Glück. Hat es vorher geregnet, wirbelt das den Grund auf, und das »Lagunentürkis« ist nur noch zu erahnen. Ein anderes Mal aber haben die Kinder »richtig Sonne«, und es heißt: »Wow, ist das schön!«

TIPP: Hat jemand nach so viel Abenteuer noch Lust auf Mittelalterfeeling? Dann nix wie los zur Teufelsburg nach Felsberg.

Adresse 66802 Überherrn-Berus, GPS Wasserfall: 49.261377302269615, 6.671121865407771, Lagune: 49.258556569849496, 6.671520611376831 // Anfahrt B 269 Richtung Überherrn, Ausfahrt Altforweiler links auf Industriestraße, im Kreisverkehr 1. Ausfahrt (Industriestraße), links auf Landstraße, rechts auf L 350, links auf L 351/Konrad-Adenauer-Straße, links auf Brunnenstraße, rechts auf Am Hang, rechts auf Kaltbornweg, diesem bis zu einem Waldstück mit Parkplatz folgen, auf dem linken Weg 5 Minuten zu Fuß bis zum Chirath-Wasserfall // Öffnungszeiten immer zugänglich

95_DER EISBLOCK

Der coolste Ort im Saarland

Ein heißer Sommertag, der Asphalt glüht, und selbst im Schatten steht den Kindern der Schweiß auf der Stirn – wo ist jetzt der kühlste Ort in der Region? Nicht im Schwimmbad, auch nicht an der Kühltheke im Supermarkt oder in Omas Keller, sondern … tada … im Untergeschoss der Möllerhalle der ehemaligen Völklinger Hütte. Dort, im Science Center Ferrodrom, gibt es einen gigantisch großen Eisblock. Da friert es einem schon beim Hingucken.

Genau genommen dient der Rieseneisblock im Science Center natürlich nicht zum Abkühlen, sondern zum Ansehen und Hautnah-Erleben. Der Steinkoloss demonstriert Kindern, dass Wasser hart wie Stein sein kann. Wenn es gefriert und zu Eis wird, kann selbst Stahl dem Element nicht mehr trotzen. Das belegt der Untergang der »Titanic«, die als unsinkbar galt. Als das 269 Meter lange Passagierschiff gegen einen Eisberg prallte, geschah das Unglück, die stählerne Schiffswand hielt der Kraft des Eises nicht stand. Kurze Zeit später sank das Schiff.

TIPP: Das Eiscafé Europa in der Bismarckstraße ist fußläufig kinderleicht zu erreichen. Nach einem kleinen Spaziergang durch die Völklinger Innenstadt erwartet Klein und Groß eine riesengroße Eiskarte mit teils sehr ungewöhnlichen süß-kalten Kreationen.

Die Ferrodrom-Ausstellung nimmt aber nicht nur Wasser ins Visier. An über 100 Mitmachstationen gehen junge Besucher den vier Urelementen, die es in früheren Tagen zur Eisenerzeugung brauchte, auf den Grund. Dabei bietet die Ausstellung eine Menge zum Ausprobieren, Anfassen und ebenso zum Staunen. Wem es bei so vielen verschiedenen physikalischen Phänomenen heiß werden sollte, der weiß ja, wo die allerbeste Stelle zum Erfrischen im Saarland ist.

Adresse Rathausstraße 75 – 79, 66333 Völklingen, Tel. 06898/9100100, www.voelklinger-huette.org, Rampen und barrierefreie Aufzüge für viele Bereiche // **Anfahrt** A 620, Ausfahrt Völklingen-Geislautern, links auf Hallerstraße, rechts auf Ludweilerstraße/Rathausstraße, nach der Brücke rechts auf den großen Parkplatz, der Eingang ist der Rathausstraße folgend am Kreisverkehr rechts // **Öffnungszeiten** täglich 10 – 19 Uhr

96_AM FÖRDERTURM

Spiel und Spaß mit Bergbau-Tradition

Auch wenn die Jüngsten diese Zeit nicht mehr hautnah miterlebt haben: Das Saarland war eine Bergbauregion. Beziehungsweise: Das ist es immer noch. Zwar wurde das Ende der Kohleförderung an der Saar 2012 besiegelt, doch deutliche Spuren aus dieser Zeit sind noch immer gegenwärtig, sei es in Form von Halden, noch weithin sichtbaren Fördertürmen oder auch in Bezug auf die Erzählungen von Eltern, Großeltern und Bekannten, die in den Berufsfeldern rund um den Bergbau tätig waren.

TIPP: Im nah gelegenen, ehemaligen Ausbildungsbergwerk der Steinkohlegrube Velsen erleben Besucher die noch immer betriebsbereiten Maschinen (Termine unter www.erlebnisbergwerkvelsen.de). Kinder-Highlights sind die Akkulok und das einstige Förderband, das für Personenseilfahrten zugelassen ist.

Auf dem Schweizerberg im Warndt in der Nähe des Naturfreundehauses Warndt und auch nicht weit entfernt von der Bergehalde Ludweiler lädt ein nicht alltäglicher Spielplatz im Bergbau-Stil dazu ein, alte Traditionen wiederzuentdecken. Junge Spielplatzgäste erleben so die Tätigkeiten, die einst die Arbeiter unter Tage verrichteten, auf spielerische Weise nach. Dass in dem Fall Loren zum Weitertransport der geförderten Kohle nicht fehlen dürfen, ist wohl ausgemachte Sache. Über Schienen fahren sie in ein »halbunterirdisches« Stollenstück ein. Die ein paar Meter darüberliegende Röhrenrutsche erinnert an die einstigen Bergmannsrutschen, mit denen Bergarbeiter »einfuhren«, um ihre Arbeit untertage zu verrichten. Für die Zeit nach der »Schicht« stehen Sitzplätze und Tische bereit, und wer weiß, vielleicht wird dort nach getaner Arbeit eine echte Bergmannsportion bestehend aus einem Stück Lyoner, Senf und einem halben Doppelweck verzehrt – rein aus Gründen der Tradition und ein bisschen auch, weil es gut schmeckt.

Adresse Schulstraße 51, 66333 Völklingen-Ludweiler // **Anfahrt** A 620 Ausfahrt Völklingen-Geislautern, auf Hallerstraße in Richtung Völklingen, an der Kreuzung links in Ludweilerstraße / später Völklinger Straße, in Ludweiler rechts in die Schulstraße, dieser bis zum Parkplatz am Naturfreundehaus folgen, Spielplatz liegt oberhalb der Naturfreunde Hauses // **Öffnungszeiten** durchgängig geöffnet

97_DIE LICHTSPIELE WADERN

Ich seh den Sternenhimmel

Das glitzert! Der Himmel im Kino Lichtspiele Wadern ist ein Blickfänger, insbesondere für junge Kinogäste. Bis der Film startet, ist die Wartezeit also wunderbar überbrückt: Die Kiddies blicken einfach staunend Richtung Decke. Vielleicht erzählen die Großen dabei sogar die sagenhafte Geschichte des alten Kinos, denn eigentlich ist es gar nicht so selbstverständlich, dass in diesen Räumen immer noch Filmfreunde empfangen werden. Dies ist einer Gruppe Unerschrockener zu verdanken, die das 90 Jahre alte Kino vor einigen Jahren vor dem Vergessen bewahrten. Mit frischen Ideen und viel Engagement erweckten sie es wieder zum Leben.

Vier Tage die Woche laufen seitdem im Lichtspiele Wadern ausgewählte Filme. Dabei hat das Team um das alte Kino das junge Publikum speziell im Blick. Ein spannender und besonderer Kinderfilm steht stets auf dem Programm, und die Preise sind äußerst familienfreundlich, ob nun beim Eintritt oder beim Erwerben von Knabberkram an der kleinen Theke. Damit ein Kinobesuch für jedes Kind möglich ist, gibt es sogar regelmäßige Familientage, an denen der Einlass kostenfrei ist.

TIPP: Ein paar Kilometer vom Kino entfernt, in Weiskirchen, bietet der Spielplatz Panoramaweg in der gleichnamigen Straße allerlei, was Kinderherzen höherschlagen lässt. Auch für Kleinkinder gibt es eine Reihe von Spielgeräten.

Am Kreis-Kinder-Kinotag können Kids ab sechs das Lichtspielhaus ohne Begleitung besuchen. Die Mitarbeiter des Kreisjugendamtes übernehmen dann die Aufsichtspflicht. Das absolute Highlight aber ist ein Kindergeburtstag in dem nostalgischen Ambiente. Ein ganzes Kino, um gemeinsam mit seinen Freunden zu feiern, das ist ein Traum, der in den Lichtspielen Wadern kinderleicht Realität wird.

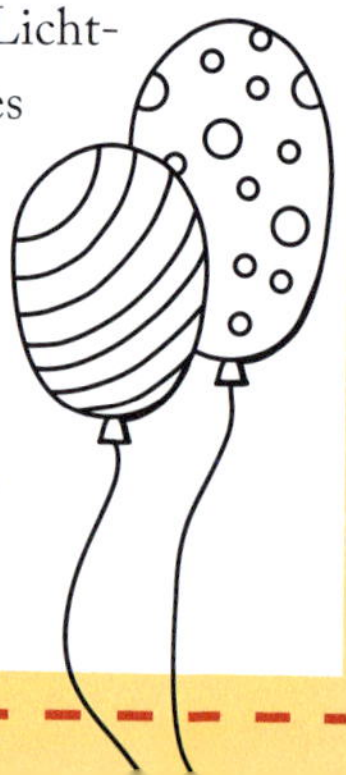

Adresse Oberstraße 10, 66687 Wadern, Tel. 0151/20174319 (ab 18 Uhr) // **Anfahrt** A 1, Ausfahrt Braunshausen, L 329 in Richtung Buweiler, geradeaus auf L 149, im Kreisverkehr 2. Ausfahrt (Am Hals), rechts in Birkenfelderstraße, im Kreisverkehr 3. Ausfahrt (Im Brühl), rechts in Poststraße, links in Untere Straße, am Marktplatz rechts, geradeaus in Oberstraße, Parkplatz nach dem Kino rechts auf dem Öttingen-Sötern-Platz // **Öffnungszeiten** siehe Wochenprogramm (www.lichtspiele-wadern.de)

98_EIN ARCHE-HOF

Glücksschweine, Landeier und Co.

»Wir sind nicht allein auf dieser Welt«, sagt Jennifer Blasius, die mit ihrem Mann den Arche-Hof in Altland ins Leben gerufen hat. Das klingt im ersten Moment vielleicht sehr ernst, doch wer bei einem Hofbesuch in Altland genauer hinschaut, erkennt, dass nach diesem Motto zu leben einen riesigen Spaß macht. Womöglich bewirkt es sogar noch ein bisschen mehr: Es macht glücklich.

Beweise dafür finden Klein und Groß zahlreiche, wenn sie über den Dösterhof schlendern. Alle Stallungen können in Absprache besucht werden, interessierte Familien sind gern gesehen. An jeder Ecke, ob nun im Hofcafé, im gemütlichen Biergarten oder auf den Weiden, überall sieht man gut gelaunte und entspannte Menschen, und den Tieren geht es nicht anders. Gänse, Hühner und alte bedrohte Rinderarten wie Allgäuer Braunvieh leben auf großzügigem Weidegrund und in freundlich-hellen Ställen mit viel Platz. Der absolute Beweis aber für die Wohlfühlatmosphäre, die eine tiergerechte Haltung mit sich bringt, sind die drolligen Bentheimer Schweine. Wer so gut aufgelegt grinst und grunzt, der kann einfach nicht lügen. Auf dem Dösterhof geht es den Tieren ausgezeichnet.

Der Hof ist somit nicht nur ein herrliches Fleckchen Natur, sondern beweist auch: Wenn jeder auf jeden ein bisschen achtet, kommt am Ende niemand zu kurz. Ein Ort mit vielen guten Ideen und Vorbildcharakter, von denen es in Zukunft hoffentlich noch weit mehr geben wird.

Adresse Hofgut Dösterhof, 66687 Wadern-Altland, Tel. 06871/6369020, www.doesterhof.de // Anfahrt A 1, Ausfahrt Tholey-Hasborn, auf Theeltalstraße in Richtung Hasborn-Dautweiler, in Hasborn-Dautweiler rechts auf Hauptstraße, links auf Römerstraße/Limbacher Straße, in Lindscheid rechts auf Am Waldborn, Straße folgen bis Altland, Parkplatz vor Ort // Öffnungszeiten Fr–So und Feiertage 11–18 Uhr

TIPP: Viele Kurven führen von Altland zum nahen Auschet, einem Dorf auf einer Bergkuppe mit nur 18 Häusern. Ganz oben angekommen sieht man fast die ganze Welt – oder zumindest das halbe Saarland –, und mit etwas Glück gibt es Modellflieger zu bestaunen, denn die starten hier häufig in die Lüfte.

99_DIE MÄRCHENBURG

Das Burgschnitzel jagen

Es war einmal … eine idyllisch gelegene Burg am Rande der zauberhaften Stadt Wadern. Die Waderner dachten sich eines wunderbaren Tages, es wäre doch entzückend, wenn die vielen Burggäste all die glanzvollen Sagen rund um die alten Mauern der Burg Dagstuhl jederzeit hören könnten. Auch an den Tagen, an denen der treue Ritter Boemund nicht über das Areal führt. Um diese Idee Wirklichkeit werden zu lassen, wand die Stadt keinen Hexenzauber an, ebenso wenig musste eine Fee ihres Amtes walten. Man wählte etwas, das mittlerweile fast jeder, ob groß oder klein, mit sich führt: Das wundersame Gerät nennt sich Smartphone.

Okay, okay, ab hier klingt die Geschichte nicht mehr allzu märchenhaft. Doch keine Bange, das tut dem Spaß vor Ort keinen Abbruch, denn mit diesem Angebot können Familien ihre ganz eigene Märchen-Erkundungstour völlig ohne Terminstress beginnen. Auch was er hören möchte, bestimmt der Nutzer selbst. Rätsel oder spannende Aufgaben lösen, Märchenclips schauen und einem Hörspiel lauschen, da ist an jeden jungen Geschmack gedacht. Nach diesem etwas anderen Ausflug bleiben die Burg Dagstuhl, ihre Gemäuer, das Burgplateau und die Zugbrücken in besonderer Erinnerung.

Die Actionbound-App steht im App Store oder bei Google Play kostenlos für Interessierte bereit. Einfach unter »Es war einmal … die sagenhafte Märchentour rund um Burg Dagstuhl« suchen oder über den QR-Code im Internet auf www.stadtmuseum-wadern.de die App herunterladen, und schon startet sie: die märchenhafte Burgtour.

Adresse Schlossstraße 1, 66687 Wadern-Dagstuhl // **Anfahrt** A 1, Ausfahrt Braunshausen, L 329 in Richtung Buweiler folgen, in Buweiler geradeaus auf L 149, im Kreisverkehr 3. Ausfahrt (Am Hals), links in die schmale Straße, Weg bis zum Burgplatz im Wald folgen, 10 Minuten Fußweg bis zur Burg // **Öffnungszeiten** jederzeit

TIPP: Die schmale Straße am Parkplatz führt weiter zum verträumten Schlossgarten und der kleinen Schlosskapelle Dagstuhl, deren Wände und Decken die »Malergräfin« Octavie de Lasalle in jahrelanger Arbeit mit traumhaft schönen Motiven versehen hat.

100_DIE INKLUSIONS-SCHAUKEL

Dabei sein ist alles

Der Noswendler Stausee ist einen Ausflug wert. Der hübsche Seeweg, die Tretboote, die Enten, die Kneippanlage und ganz und gar nicht zuletzt die wohl längste Kuchentheke, die man sich an einem Sonntag im Saarland vorstellen kann.

2020 ist ein weiterer guter Grund dazugekommen: die Inklusionsschaukel, die mitten im Geschehen zwischen Beachvolleyball-Feld und Spielplatz installiert wurde. Mit dieser Neuerung können wirklich alle ihr Vergnügen am See haben. Dabei ist die Schaukel mehr als einfach nur ein weiteres Spielgerät auf einem beliebten Spielplatz. Sie setzt ein deutliches Zeichen, dass hier an diesem Ort an alle gedacht ist. Das ist gelebte Inklusion, denn nur wenn es auch barrierefreie Angebote auf einem Spielplatzgelände gibt, können behinderte und nicht behinderte Kinder miteinander spielen und auf diese Weise Gemeinschaft spüren.

Keiner soll sich außen vor fühlen – das ist das Motto. Wie vielen Menschen dies wichtig ist, beweist die Finanzierung der Schaukel. Mehrere Firmen aus dem Kreis Wadern, der Verein Herzensengel, die Kinder und Erzieher der Kita Villa Wackelzahn aus Noswendel, die fleißig backten und Spenden sammelten, und der Verein Pro-Inklusionsschaukel, der dieses Projekt ins Leben gerufen hat – sie alle zusammen machten sich für die Idee stark. So konnte der Plan in die Tat umgesetzt werden, und das Seeglück ist jetzt in Noswendel für alle erlebbar.

TIPP: Mittlerweile gibt es eine Reihe von Inklusionsschaukeln im Saarland: im Dillinger Stadtpark, im Weiskircher Kurpark, in Mettlach am Rathaus … Alle Standorte und die Projekte im Einzelnen sind hier einzusehen: www.pro-inklusionsschaukel.de.

Adresse Seestraße, 66687 Wadern-Noswendel // **Anfahrt** A 1, Ausfahrt Braunshausen, auf L 329 in Richtung Buweiler, in Buweiler geradeaus auf L 149, im Kreisverkehr 2. Ausfahrt (Am Hals), geradeaus weiter auf Bahnhofstraße, im Kreisverkehr 1. Ausfahrt (Noswendlerstraße/L 148), rechts auf Seestraße, dieser bis zum Parkplatz folgen // **Öffnungszeiten** jederzeit

101_DAS HIRSCHGEHEGE

Grasen ist ihr Hobby

Wildgehege sind im Saarland eigentlich keine Seltenheit. Was Besucher jedoch im nördlichen Saarland am Ortsrand von Nunkirchen erwartet, hat erstaunliche Dimensionen. Mit 21 Hektar Fläche und über 300 Damhirschen ist im Nunkircher Wildgehege »tierisch was los«.

Für Familien mit geländetauglichem Kinderwagen ist der Spazierweg um die verschiedenen Weideplätze mit nur 1,8 Kilometer Länge perfekt für einen Ausflug geeignet. Der beste Startpunkt für eine Wildparkrunde ist das Gasthaus »Nunkircher Wildgehege«, wo ausreichend Parkplätze zur Verfügung stehen. Gleich hier, neben dem Regiomaten, liegen Futtersäckchen für die Hirsche bereit. Eine prima Gelegenheit, um den Tieren näherzukommen, denn wer sich auf den Weg macht, wird schnell feststellen, dass »Futtern« die besondere Leidenschaft des Damwildes ist.

Das Schmatzen der Damhirsche ist an jeder Ecke zu hören. Bei dem Tempo, in dem die Tiere die Wiesen von saftigem Grün befreien, stellt man sich die Frage, ob die Hirsche bei einem Mähwettbewerb nicht klar im Vorteil wären. Kinder, im besten Fall ausgerüstet mit den Leckerli-Beuteln, sind natürlich gern gesehen. Zum Füttern stehen Futtertröge auf dem Rundweg bereit. Das Damwild ist zwar zu Beginn immer ein wenig scheu und zaghaft, aber gleichzeitig auch neugierig, und so kommen sich Kind und Tier bald näher und beschnuppern sich gegenseitig.

Es macht wirklich Spaß und gute Laune, diese edlen, bildschönen »Wild-Tiere« in einer so wunderbaren und natürlichen Umgebung zu erleben. Dieser Abstecher ins Grüne lohnt sich.

Adresse Am Felswäldchen 13, 66687 Wadern-Nunkirchen // Anfahrt B 268, Bundestraße in Nunkirchen in Richtung Losheim folgen, kurz nach Ortsende Nunkirchen, links in Am Felswäldchen, nach dem Forsthaus rechts hoch zum Gasthaus »Nunkircher Wildgehege« // Öffnungszeiten jederzeit

TIPP: Das Traumschleifchen »Forsthausrunde« führt an den Nunkircher Gehegen vorbei und hat mit 6,6 Kilometer Länge Start und Ziel am Forsthaus Nunkirchen. Der Biergarten am Forsthaus mit kleinen und großen Speisen bietet eine nette Gelegenheit zur Einkehr.

102_DIE ROHRPOSTANLAGE

An die Büchse, fertig, los …

Im Zeitungsmuseum geht die Kommunikation »ab wie Luzi«. Die erste Aufgabe aller »Rohrpostler« ist es, eine Nachricht zu verfassen. Ist die notiert, kommt der gefaltete Zettel in die Rohrpostbüchse. Es geht los! Holla die Waldfee – raketenschnell zischt die Büchse los. Sie bezwingt die Schwerkraft und flitzt durch das System aus Rohren. So flott, dass die Augen kaum folgen können. Vom ersten Stockwerk führt der Weg hinunter in die Druckwerkstatt, wo der Empfänger auf die Kunde wartet. Plopp – schon plumpst die Büchse in den unter dem Rohr befestigten Korb auf ein Kissen. Welche wichtige Botschaft verbirgt sich in der Büchse? Mit Hochdruck wird die Antwort auf den Rückweg geschickt …

Rohrpostanlagen, die per Luftdruck nicht nur Nachrichten, sondern auch Proben oder Medikamente an die richtige Stelle brachten, gab es im frühen 20. Jahrhundert überall. Besucher im Deutschen Zeitungsmuseum in Wadgassen erleben die einfachste Form einer Rohrpost live bei der Arbeit und erhalten eine Vorstellung davon, wie große Rohrpostsysteme mit bis zu 500 verschiedenen Stationen in Krankenhäusern und Banken funktionieren.

25 Stundenkilometer erreichen die Büchsen. Da das für das Auge viel zu schnell ist, wurde im Zeitungsmuseum das Tempo gedrosselt. Auch ein paar Extraschleifen hat man dazugebaut. Die brauchte es nicht wirklich, doch so lässt sich das Erlebnis etwas länger genießen.

Adresse Am Abteihof 1, 66787 Wadgassen, Tel. 06834/94230, www.kulturbesitz.de, barrierefrei (Aufzug) // ÖPNV RB, Haltestelle Bous, zu Fuß circa 10 Minuten // Anfahrt A 620, Ausfahrt Wadgassen, auf L 271 Richtung Wadgassen, in Wadgassen Kreisverkehr 2. Ausfahrt (Saarstraße), nach 300 Metern links abbiegen, Parkmöglichkeiten am Haus // Öffnungszeiten Di–So 10–16 Uhr, kostenloser Sonntagsworkshop für Kinder und Familien 2. und 4. So im Monat

TIPP: Das charmante und familienfreundliche Thalia Kino in Bous (www.kino-bous.de) bietet besonders viel Beinfreiheit, besten Blick auf die Leinwand und auch sonst rundum beste Bedingungen für einen gemütlichen Filmnachmittag.

103_AN DER EULENMÜHLE

Heimatspaziergang mit Familie Biber

Spechte bearbeiten Holz mit bis zu 20 Schlägen in der Sekunde und bekommen dabei keine Kopfschmerzen, da sie über eine Art Stoßdämpfer verfügen – wer hätte das gewusst? Solchen spannenden Fragen geht der »Naturerlebnispfad Eulenmühle« auf den Grund. Der Weg führt auf weitgehend ebenen, auch mit geländegängigem Kinderwagen leicht zu bewältigenden 3,5 Kilometern durch zauberhafte Natur.

Das Allertollste dabei ist die Hörtour. Wer könnte von den verschiedenen Tieren und Pflanzen auf dem Naturareal besser berichten als Familie Biber, die in diesem Gebiet wieder ihre Heimat gefunden hat? Diese Episoden sind auf der Wadgasser-Freizeit-App oder der Lauschtour-App hinterlegt. Ist die Tour bereits vorab installiert, starten die Geschichten sogar automatisch, sobald die Stationen erreicht sind. Das macht Laune. Es geht durch Feucht- und Trockengebiete oder über idyllische Waldpfade, und die lustigen Biber erzählen dabei allerlei von ihrem Zuhause. So lässt sich wandern, beobachten, staunen und gleichzeitig lauschen, was die Biber als Nächstes Amüsantes und Lehrreiches zu berichten haben. Ausgesprochen goldig sind die detailreichen Comicfiguren auf all den Tafeln, die zusätzliche Fragen und Spiele bereithalten.

Bei der Wegführung heißt es auch: Augen auf! Die roten Schilder mit dem Biberkopf sind für den Kinderweg vorgesehen. Am Ende führt er wieder zurück zur Brücke, die auch der Anfang des Erlebnispfades ist. Schade – so gut unterhalten hätte man noch ein bisschen länger wandern wollen.

TIPP: In Differten, nur ein paar Kilometer entfernt, gibt es einen kleinen Wildpark mit Spielplatz und Wildparkhütte zum Einkehren. Die Zufahrt ist in der Nähe des Hallenbades Differten.

Adresse An der Eulenmühle 8, 66787 Wadgassen-Differten, Erläuterung zum Download der Lauschtour unter: www.wadgassen.de/eulenmühle // **Anfahrt** A 620, Ausfahrt Wehrden, L 387 Richtung Wadgassen, im Kreisverkehr 1. Ausfahrt (Provinzialstraße), im Kreisverkehr 2. Ausfahrt (Provinzialstraße), im Kreisverkehr 2. Ausfahrt (Sengsterstraße), links auf Am Rothenberg, in Werbeln links auf Lothringer Straße/Werbelner Straße, im Kreisverkehr Differten 2. Ausfahrt (Hauptstraße/L 168), Ausgang Differten rechts auf An der Eulenmühle, Parkplätze vor Ort

104_ DER ULTIMATIVE LANDEPLATZ

Auf und wieder abwärts

Auf dem Flugplatz Saarlouis-Düren heißt es »Augen auf«, denn schließlich wollen junge Besucher nichts, aber auch gar nichts, was dort oben am Himmel vor sich geht, verpassen, und hier gibt es eigentlich fast immer etwas in der Luft zu entdecken.

Besonders häufig Motor- und Segelflieger, die auf dem 800 Meter langen Flug- und Landeplatz starten oder heimkehren. Am Rande des Fluggeländes oder vom Bistro aus ist man ein VIP-Zuschauer und sieht alles aus nächster Nähe. Auch spektakulär anmutende Tragschrauber, die wie Mini-Helikopter aussehen, gehen in Düren in die Luft. Die schrauben sich sogar nach oben, ohne dafür großartig Schwung nehmen zu müssen.

Wenn sich die Fallschirmspringer zum freien Fall in den Himmel wagen, liegt am meisten Aufregung in der Luft. Erst werden sie nur als winzige Punkte neben den Maschinen sichtbar. Immer näher rücken sie Richtung Erde und werden dabei größer. Auf etwa 1.500 Metern öffnet sich mit einem Mal der farbenfrohe Fallschirm. Jetzt schweben die Springer in Richtung Erde. Bevor sie festen Untergrund erreichen, ist diese Mischung aus Nervenkitzel und Glücksgefühlen sogar als Zuschauer zu spüren. Kurz nachdem die Füße den Boden berührt haben, segelt auch das bunte Tuch hinab auf den Sprungplatz – uff, es ist alles gut gegangen!

Adresse Flugplatz, 66798 Wallerfangen-Düren // **Anfahrt** A 620, Ausfahrt Saarlouis-Mitte, auf B 405 Richtung Metz, vorbei an Felsberg, kurz vor Ortseingang Ittersdorf rechts (Kalkofenstraße /Schlossstraße), rechts in Kerlinger Weg, auf der Landstraße rechts auf »Flugplatz«, am Flugplatz bis zum Parkplatz durchfahren // **Öffnungszeiten** möglicher Flugbetrieb Sommerzeit Mo – Fr 8 – 18 Uhr, Sa, So und Feiertag 7 – 18 Uhr, zu anderen Zeiten Mo – Fr 10 – 19 Uhr, Sa, So und Feiertag 9 – 19 Uhr

TIPP: Ein Flug zu den schönsten Stellen des Saarlandes ist gar nicht mal so unerschwinglich. Manche der ansässigen Flugsportvereine fliegen zum Selbstkostenpreis. Einfach mal nachfragen!

WALLERFANGEN-LEIDINGEN

105_ DAS GRENZLAND-FENSTER

Schau-ins-andere-Land

Was würde sich als Grenze zwischen zwei Ländern eignen? Eine Mauer, ein Grenzstein, ein Pfosten oder ein Tor, all das ist denkbar, aber ein Fenster? Jetzt mal ernsthaft, auf so eine Idee konnten natürlich nur Saarländer und Lothringer kommen.

Vielleicht aber ist diese Art der Grenzziehung auch gar nicht so verrückt. Denn es lohnt wirklich, durch das Fenster zu blicken. Steht man auf französischer Seite, ist man sozusagen im Ausland und schaut direkt auf die deutsche Kirche. Wechselt man die Seiten, wofür es nur ein paar Schritte braucht, ist es umgekehrt: Nun ist man auf deutschem Boden, und die französische Kirche ist zu sehen. Sie ist nur ein klein wenig weiter weg und liegt auf einer Anhöhe. Ansonsten ändert sich nicht viel. Vielleicht ist es genau das, was uns dieses Fenster zeigen will: Wir sind uns alle sehr ähnlich, und eine Grenze ist – wenn alle das möchten – nichts, was große Bedeutung haben muss.

Das Grenzlandfenster ist übrigens nicht das einzig Merkwürdige in dem kleinen Dorf. Da sich Leidingen aus ein bisschen Frankreich und ein bisschen Saarland zusammensetzt, gibt es nicht nur zwei Kirchen, sondern auch zwei Sprachen ebenso wie zwei Postbeamte, die täglich Briefe und Pakete austragen. Das Schrägste ist jedoch die Neutrale Straße, durch deren Mitte die Grenze verläuft. Damit wohnen auf der einen Seite Franzosen, und die Nachbarn direkt gegenüber sind Deutsche. Wie verrückt ist das denn?

TIPP: Von hier ist man im Nu an der Wackenmühle in Hemmersdorf, wo sich die Nied an einem Stauwehr besonders ansehnlich zeigt. Zum Einkehren hat man zwei Optionen: das gleichnamige Restaurant oder das Niedlicht, wo es neben kühlen Getränken auch Tretboote zum Leihen gibt. Mit beiden kann man es nur richtig machen.

Adresse Kirchenstraße 42–43, 66798 Wallerfangen-Leidingen // **Anfahrt** A 620, Ausfahrt Saarlouis-Mitte, links auf B 405/Metzer Straße in Richtung Metz, nach Ittersdorf rechts auf L 354, bei Leidingen scharf links auf Ihner Straße, links auf Kirchenstraße, das Grenzlandfenster befindet sich auf der Rückseite der St.-Remigius-Kirche und die Neutrale Straße am Ende der Ihner Straße

106_DAS BRINGWÄÄNCHEN

Immer wieder sonntags

Wieder Sonntag und wieder die Frage: Was machen wir heute? Der Vorschlag Wandern ruft beim Nachwuchs nicht immer ein »Jippie« hervor. Da ist die Hirn-Gallenbergtour das richtige »Gegenmittel«. Denn diese Tour ist – das ist sicher – tausendmal schöner als ihr Name.

Über 7,5 Kilometer führt die Strecke durch den herrlichen Saargau. Der Weg ist manchmal hügelig, doch gut zu laufen, und da der Startpunkt nie weit entfernt ist, lässt sich kinderleicht für jüngere Kinder abkürzen. Aber wieso abkürzen, wenn das Wandern durch eine Schlucht oder schmale Waldpassagen derart spannende Dschungelatmosphäre aufkommen lässt? Außerdem würde man das Modellfluggelände, wo am Wochenende oft Flugverkehr herrscht, verpassen ebenso wie den Aussichtsturm Hirnberg.

Am traurigsten wäre es, das Bringwäänchen zu versäumen. Das ist ein fahrendes Mini-Gasthaus in fröhlichem Grün. Es parkt passend zur Farbe mitten im Grünen und hält Holzstühle und Tische zur Freiluft-Einkehr bereit. Hinter dem Tresen freuen sich die Mitglieder des Vereins »Bewahren und Erneuern Gisingen« über junges Wanderpublikum. Da werden gleich die ersten Klappschmierchen mit regionalem Aufschnitt für die abgekämpften Kids bereitet. Selbst gemachten Kuchen und kühlen Saft gibt es auch. Was es nicht gibt, sind Preise. Wer möchte, unterstützt den Verein und lässt eine Spende in die Kasse purzeln. Das ist herrlich unkompliziert, und eins ist klar: Nach so einer vorzüglichen Rast sind die letzten (Wander-)Meter ein Klacks.

TIPP: Der »Pfad der Achtsamkeit« befindet sich auf den letzten 2,5 Kilometern des Wanderwegs »Der Gisinger« zwischen Oberlimberg und Gisingen. Die Stelen am Wegrand wurden von Grundschülern und Kindergartenkindern mitgestaltet. Am Ende des Weges finden Beerenliebhaber leckere Naschhecken vor.

Adresse 66798 Wallerfangen-Rammelfangen, GPS: 49.33987192048256, 6.6413832528889865, www.gisingen.de // **Anfahrt** A 620, Ausfahrt Saarlouis-Wallerfangen, Wallerfangener Straße Richtung Wallerfangen, dort links in Sonnenstraße nach St. Barbara, weiter auf Gaustraße/L 355 nach Rammelfangen, rechts auf Waldstraße, am Wanderparkplatz Kaiserlinden rechts Feldweg zum Modellfluggelände (Anlieger frei), nach 200 Metern links, das Bringwäänchen steht gegenüber dem Modellflugplatz // **Öffnungszeiten** April – Okt. So und Feiertage 11 – 15 Uhr (bei regenfreiem Wanderwetter)

107_AM ENTEN-GUCK-FENSTER

Beste Aussichten für die Kids

Brücken gibt es zwar allerorts, doch die Brücke in Weiskirchen ist etwas Außergewöhnliches und besonders besuchenswert. Warum, ist schnell erklärt: Zum einen handelt es sich bei der Brücke am Kurparkweiher um eine Holzbrücke, und die sind selten. Zum anderen ist die Weiskircher Holzbrücke ausgesprochen lang, ausgesprochen schön, und überdacht ist sie auch noch. Hier lässt sich bei Wind und Wetter gemütlich und trocken spazieren gehen.

Aber das Allerbeste kommt erst jetzt: Bei dieser Brücke haben die Erbauer speziell an Kinder gedacht, denn was ist das ärgste Problem, wenn man klein ist? Na, dass beinahe alles für Erwachsene gebaut ist. Ob Spiegel, Toilette oder die Brüstung von Geländern, da wird sich immer an den Großen orientiert. In Weiskirchen ist das genau andersherum. »Mama, kannst du mich bitte mal hochheben? Ich seh nichts«, hört man hier nicht. Stattdessen heißt es für Papa oder Oma oder wer immer mit auf Ausflugstour ist, sich kleinzumachen, denn der Ausguck für Seegucker entlang dem Brückengeländer ist in Kinderhöhe.

Wer kein Kind ist, muss in die Knie gehen, sonst sieht er oder sie nicht, was auf dem See passiert, und das wäre jammerschade. Fische stecken ihr breites Maul in Richtung Oberfläche. Enten quaken, und zahlreiche Schwäne drehen ihre Runden. Das sehen Klein und Groß aus der ersten Reihe, nur diesmal aus Kinderperspektive.

TIPP: Nach der Brücke, rechter Hand, führt der Pfad auf direktem Weg zu einem Spielplatzparadies mit großem Multifunktionsfeld. Ob Fußball, Handball, Basketball oder Volleyball, hier können sich jüngere und ältere Kinder austoben.

Adresse Kurparkstr, 66709 Weiskirchen // **Anfahrt** A 1, Ausfahrt Braunhausen, L 329 Richtung Buweiler, im Kreisverkehr 2. Ausfahrt (L 149), in Buweiler links auf Löstertalstraße (L 149), im Kreisverkehr vor Wadern 3. Ausfahrt (Am Hals), rechts auf Birkelfelder Straße, im Kreisverkehr 2. Ausfahrt (Franz-Haas-Straße/ Nordring/L 151, im Kreisverkehr 2. Ausfahrt (Hauptstraße/L 151), im Kreisverkehr 1. Ausfahrt (Konfelder Straße), links auf Konfelder Straße bleiben, später Kurparkstraße, Parkplätze gegenüber Kurparkweiher

108_DAS HOLZBACHTAL

Wassergaudi hoch drei

Gelegenheiten, um sich kühles Nass zu gönnen, finden Klein und Groß im zauberhaften Holzbachtal in Weiskirchen in gleich drei kurzweiligen Varianten. Vom Waldparkplatz »Im Hänfert« aus betrachtet, ist das erste Ziel das Natur- und Waldfreibad Weiskirchen. Dies ist der perfekte Ort, um einen heißen Sommertag zu verbringen. Das Wunderbare am Waldfreibad ist die erfreuliche Naturkulisse und der Umstand, dass hier der Badespaß in klarem, chlorfreiem Quellwasser stattfindet. In diesem Freibad gibt es einzig reine Natur – sowohl im wie auch außerhalb des Wassers.

Ein paar hundert Meter unterhalb des Freibades finden Kinder die zweite Wasser-Spaß-Gelegenheit. Der entzückende Holzbach ist an vielen Stellen sehr flach, und vom Weg aus bieten sich allerlei Möglichkeiten, nah ans Ufer zu treten und vielleicht auch mal die Gummistiefel vorsichtig in das wildromantische Bächlein zu tauchen.

Damit hat der Wassergenuss in Weiskirchen immer noch kein Ende: Ein weiterer »Runterkühl-Moment« bietet sich an der Kneippanlage direkt neben dem Holzbach. Sehr gepflegt und idyllisch gelegen. Jetzt heißt es, Hosenbeine hochkrempeln und verwegen sein, denn die Wassertemperatur ist »extrafrisch«. Augen zu und durch, das bringt in jedem Fall den Kreislauf in Schwung und macht munter.

Apropos Schwung: Jetzt aber los ins Holzbachtal, dem besten Ort fürs »Nassvergnügen«!

Adresse Im Hänfert, 66709 Weiskirchen, Tel. 06876/919561, www.naturfreibad-weiskirchen.de // **Anfahrt** A 1, Ausfahrt Braunshausen in Richtung Braunshausen/Kastel/Wadern fahren, im Kreisverkehr 2. Ausfahrt (L 329), in Buweiler links auf L 149, 3. Ausfahrt auf »Am Hals«, rechts in Birkenfelder Straße, im Kreisverkehr 2. Ausfahrt (Franz-Haas-Straße), L 151 in Richtung Kurzentrum folgen // **Öffnungszeiten** Freibad: in den Sommermonaten und bei entsprechender Witterung (aktuelle Öffnung unter Tel. erfragen) Mo–Fr 13–19 Uhr, Sa, So 10–19 Uhr, in Schulferien täglich 10–19 Uhr

TIPP: Falls die Temperaturen einmal nicht so sommerlich sind, braucht in Weiskirchen niemand auf Badespaß zu verzichten. Dann geht es eben ins Vitalis Bäderzentrum direkt neben dem Parkhotel Weiskirchen.

109_DER WILD- UND WANDERPARK

Von Ausbüchsern und Bechern voll Korn

Wo es so losgeht, kann es nur toll werden. Ein hohes Tor mit der knallgelben Aufschrift »Wild- und Wanderpark« begrüßt alle Neuankömmlinge. Gleich daneben liegt ein wunderbar weitläufiger Abenteuerspielplatz. Dort wird sich erst einmal richtig ausgetobt, bevor es zu den Tieren geht.

Sind alle Spielgeräte erstürmt und getestet, führt der Weg gleich zum ersten Gehege, dem Damwild. Davor steht ein Futterautomat mit Körnerfutter, das in einen praktischen Becher rieselt. Damit kommen die Kinder dicht an die Tiere heran, denn an den Einzäunungen der Weiden gibt es spezielle Futterschalen. Weiter geht es zu den Kamerunschafen, die genauso nimmersatt wie das Damwild zu sein scheinen. Der breite Besucherweg, der auch gut für geländegängige Kinderwagen geeignet ist, führt auf dem 75 Hektar großen Gelände zu Auerochsen, Wisenten, Urwildpferden, Ziegen, Greifvögeln, Zwergseidenhühnern, Rotwild und einer ganzen Reihe anderer Haus- und Wildtierarten. Ein Aussichtsturm sowie Bänke und Tische am Wegrand laden zum Ausspannen oder zu einem Picknick ein und machen den Wildpark zu einem idealen Ziel für einen Sonntagsnachmittagsausflug.

Nebenher bemerkt, damit niemand verwundert ist: Ein paar übermütige »Ausbüchser« wie junge Ziegen laufen den Gästen ab und an über den Weg. Kein Grund zur Sorge, die sind harmlos und finden bald wieder zurück zur Herde. Füttern sollte man sie allerdings nicht, denn wer sich einfach so aus dem Staub macht, kann nicht noch dafür belohnt werden.

TIPP: Der Rundweg »Wildkatzenweg« startet direkt im Park. Auf diesem Pfad lässt sich einiges über die Lebensweise unserer heimischen Wildkatzen erfahren.

Adresse Zum Wildpark 1, 66709 Weiskirchen-Rappweiler-Zwalbach // **Anfahrt** A 1, Ausfahrt Braunhausen, L 329 Richtung Buweiler, im Kreisverkehr 2. Ausfahrt (L 149), in Buweiler links auf Löstertalstraße/L 149, im Kreisverkehr vor Wadern 3. Ausfahrt (Am Hals), rechts auf Birkenfelder Straße, im Kreisverkehr 2. Ausfahrt Franz-Haas Straße/Nordring/L 151, im Kreisverkehr 2. Ausfahrt (Hauptstraße/L 151), im Kreisverkehr 3. Ausfahrt (Losheimer Straße), rechts auf Heilig-Kreuz-Straße/L 151, links in »Zum Wildpark«, Parkplätze vor Ort // **Öffnungszeiten** täglich 8 – 20 Uhr

110_DER APACHER EIFFELTURM

O, là, là – weitaus mehr Charme als ein Grenzstein

Für die heutige Generation ist völlig normal, woran sich Eltern und Großeltern erst einmal gewöhnen mussten. Gemeint sind die offenen Grenzen auf dem Weg von einem europäischen Land in das andere. Die ehemaligen Grenzposten sind mit dem Schengener Abkommen, das 1985 am luxemburgischen Moselufer unterzeichnet wurde, fast gänzlich verschwunden. An sich eine wunderbare und überaus praktische Sache, nur eine Frage stellt man sich dabei: Wie erkennen Reisende in heutigen Tagen – ohne Zollhaus, Schlagbaum oder Grenzstein –, dass sie ein Land verlassen haben und auf ein anderes zusteuern?

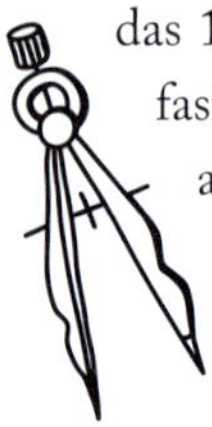

Diese Herausforderung ist im grenzenlosen Dreiländereck, wo Luxemburg, Deutschland und Frankreich nah beieinanderliegen, kinderleicht gelöst: Zwischen Apach auf französischer Seite und Perl auf deutscher wurde ein Eiffelturm errichtet. Natürlich nicht der echte aus Paris, aber dessen kleinere Schwester, die freilich nicht ganz die Größe ausweist wie das Original. Trotzdem, stolze neun Meter ragt der Turm empor und fällt damit beim Grenzüberqueren sofort ins Auge. Wer dieses charakteristische Bauwerk ausmacht, weiß umgehend, was Sache ist. Unbewusst kommen Gedanken an Frankreich auf. An Croissants, Flûtes und den Duft von warmen Crêpes.

Wer nun schon diese berühmte Sehenswürdigkeit gefunden hat, sollte die Chance ergreifen: Ein Selfie mit dem Apacher Eiffelturm, das hat französisches und gleichsam europäisches Flair.

Adresse Am Dreiländereck/Route de Trèves, F-57480 Apach // Anfahrt A 8, Ausfahrt Perl, auf B 419 in Richtung Perl, im Kreisverkehr Perl 1. Ausfahrt (geradeaus weiter auf B 419), im nächsten Kreisverkehr 2. Ausfahrt (B 419/ Am Dreiländereck), der Apacher Eiffelturm liegt rechts an der Bundesstraße, Vorsicht mit jüngeren Kindern, da reger Verkehr herrscht

TIPP: Auf dem Hammelsberg in Perl bietet sich ein Ausblick, der Seltenheitswert hat. Gleichzeitig auf Frankreich, Deutschland und Luxemburg und auch noch auf die schöne Mosel blicken, das hat man nur hier oben.

111_DIE SCHLÖSSER-SKULPTUR

Kleiner Ort mit großer Bedeutung

Zugegeben, Schengen liegt nicht im Saarland. Trotzdem, »über die Grenze fahren« ist typisch saarländisch, und Schengen liegt noch dazu mitten im Zentrum des Dreiländerecks von Luxemburg, Frankreich und Deutschland. Deswegen ist der kleine Ort in einem Saarland-Buch bestens untergebracht. Zumal es nahe des Grenzübergangs einen außergewöhnlichen Ort gibt, der sich Europa und dessen Ländern widmet. An der Skulptur »E Schlass fir Schengen« – ein Vorhängeschloss für Schengen – stehen für jede Nation Europas Leisten bereit, an denen Schlösser befestigt werden können. So sieht man auf den ersten Blick, aus welchen Gegenden besonders häufig nach Luxemburg gereist wurde. Spitze ist, dass sich auch Kinder mit einem eigenen Schloss am Ufer der Mosel »verankern können«.

Und das geht ganz einfach: Die passenden Schlösser finden junge Gäste in der nahen Tourist-Info. Also nichts wie dorthin! An der Kasse erhalten Kinder gegen einen kleinen Betrag ein Schloss und ein Leih-Graviergerät. An welcher Leiste das fertige Schloss an der Skulptur anzubringen ist, wissen die Kids bestimmt schon.

Wer erfahren will, welche europäischen Länder »grenzenlos« reisen dürfen, findet an den drei Nationalsäulen auf dem Place des Étoiles auf diese Frage eine Antwort. Drollig sind die Markenzeichen der Staaten. Elche für Schweden, die olympischen Ringe gehören zu Griechenland, und ein Gartenzwerg neben dem Brandenburger Tor – tja, das kann doch nur Deutschland sein.

TIPP: Haff Réimech ist ein Naturschutzgebiet, das im Ortsteil Remerschen neben Schengen liegt. Ein ungewöhnliches Bauwerk beherbergt dort das Umweltbildungszentrum Biodiversum, das Kinder die biologische Vielfalt der Region interaktiv erleben lässt.

Adresse Rue Robert Goebbels, L-5444 Schengen, barrierefrei // **Anfahrt** A 8, Ausfahrt Schengen, auf N 10 an der Ampelanlage rechts einordnen Richtung Schengen, vor der Brücke links in Rue Robert Goebbels, Parkplätze rechts, kurzer Fußweg bis Place des Étoiles // **Öffnungszeiten** Skulptur ist immer zugänglich, Tourismuszentrale Nov.–März 10–17 Uhr, April–Okt. 10–18 Uhr

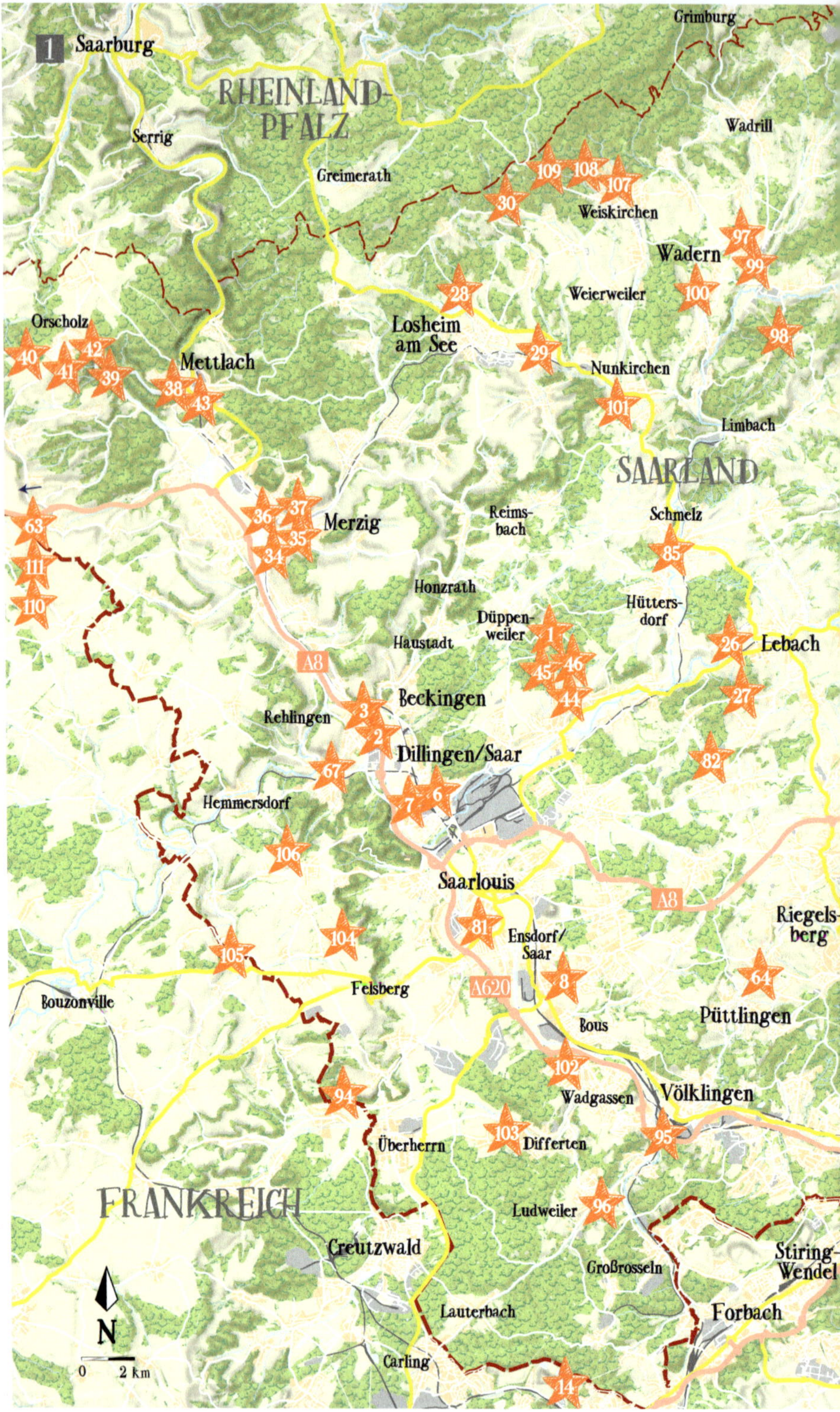
1
Saarburg
RHEINLAND-PFALZ
Grimburg
Serrig
Greimerath
Wadrill
109
108
107
30
Weiskirchen
97
Wadern
99
28
Weierweiler
100
98
Orscholz
Losheim am See
42
40
41
39
Mettlach
29
Nunkirchen
38
43
101
Limbach
SAARLAND
36
37
Merzig
Reims-bach
Schmelz
63
35
34
85
111
Honzrath
Hütters-dorf
110
Düppen-weiler
1
26
Lebach
Haustadt
46
A8
45
27
Beckingen
44
3
Rehlingen
2
Dillingen/Saar
82
67
6
Hemmersdorf
7
106
Saarlouis
A8
Riegels-berg
81
104
Ensdorf/ Saar
105
64
A620
8
Felsberg
Bouzonville
Bous
Püttlingen
102
94
Wadgassen
Völklingen
103
Differten
Überherrn
95
FRANKREICH
96
Ludweiler
Creutzwald
Großrosseln
Stiring-Wendel
N
Lauterbach
Forbach
0
2 km
Carling
14

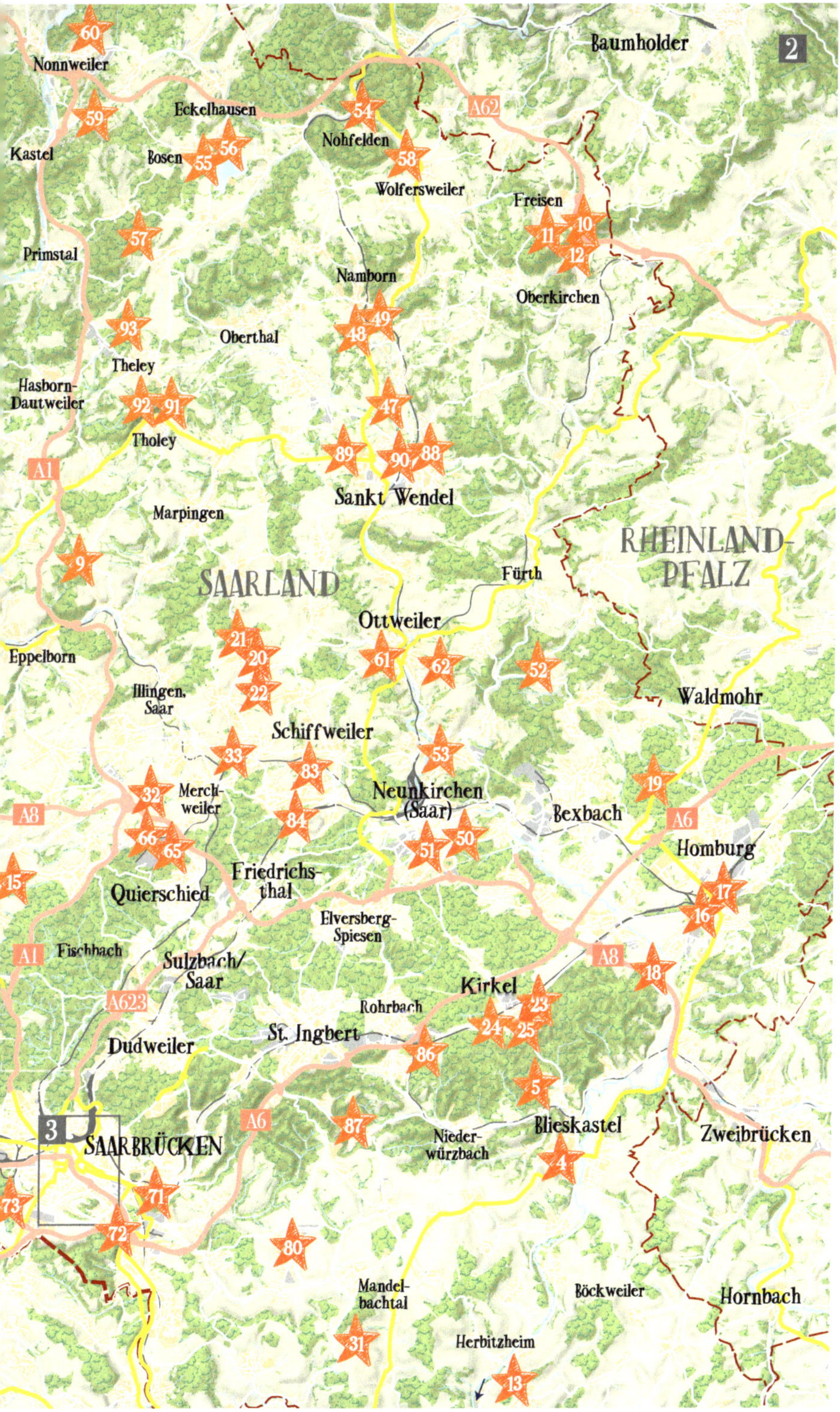
2
Baumholder
Nonnweiler
60
59
Eckelhausen
Kastel
Bosen
55
56
54
Nohfelden
58
Wolfersweiler
A62
Freisen
10
11
12
57
Primstal
Namborn
Oberkirchen
49
48
93
Oberthal
Theley
Hasborn-
Dautweiler
92
91
47
Tholey
89
90
88
A1
Sankt Wendel
Marpingen
RHEINLAND-
PFALZ
9
SAARLAND
Fürth
Ottweiler
21
20
22
61
62
52
Eppelborn
Illingen,
Saar
Waldmohr
Schiffweiler
33
83
53
32
Merch-
weiler
Neunkirchen
(Saar)
19
A8
Bexbach
A6
66
65
84
51
50
Homburg
15
Friedrichs-
thal
Quierschied
17
16
Elversberg-
Spiesen
A1
Fischbach
Sulzbach/
Saar
A8
18
Kirkel
23
A623
Rohrbach
24
25
Dudweiler
St. Ingbert
86
5
3
A6
87
Blieskastel
Zweibrücken
SAARBRÜCKEN
Nieder-
würzbach
4
73
71
72
80
Mandel-
bachtal
Böckweiler
Hornbach
31
Herbitzheim
13

3
Grülingsstraße
Dudweilerstraße
76
Haupt-
bahnhof
Trierer Straße
Kaiserstraße
Bahnhofstraße
Scheidter Straße
74
Dudweiler-
straße
75
SAARBRÜCKEN
Stengelstraße
68
Großherzog-Friedrich-Straße
Eisenbahnstraße
78
Bleichstraße
Mainzer Straße
79
Schiller-
platz
77
70
Saar
Bismarckbrücke
Mainzer Straße
Talstraße
69
Feldmannstraße
Saargemünder Straße
N
0
150 m

Meike Spanner,
Stephan Hollich
111 Orte für Kinder in Ostfriesland, die man gesehen haben muss
ISBN 978-3-7408-2554-6

Sina Beerwald
111 Orte für Kinder auf Sylt, die man gesehen haben muss
ISBN 978-3-7408-0840-2

Katja Josteit
111 Orte für Kinder in Kiel, die man gesehen haben muss
ISBN 978-3-7408-0641-5

Alexandra Schlennstedt,
Jost Schlennstedt
111 Orte für Kinder in und um Lübeck, die man gesehen haben muss
ISBN 978-3-7408-0845-7

Daniela Clément
111 Orte für Kinder in Hamburg, die man gesehen haben muss
ISBN 978-3-7408-2542-3

Daniela Krause
111 Orte für Kinder in und um Bremen, die man gesehen haben muss
ISBN 978-3-7408-2037-4

Cornelia Kuhnert,
Günter Krüger
111 Orte für Kinder in und um Hannover, die man gesehen haben muss
ISBN 978-3-7408-2346-7

Anna Sophie Pietsch
111 Orte für Kinder im Ruhrgebiet, die man gesehen haben muss
ISBN 978-3-7408-1603-2

Martin Berke, Nina Fandler
111 Orte für Kinder in und um Düsseldorf, die man gesehen haben muss
ISBN 978-3-7408-0972-0

Christina Bacher,
Norbert Breidenstein
111 Orte für Kinder in Köln, die man gesehen haben muss
ISBN 978-3-7408-2347-4

Diana-Isabel Scheffen,
Andrea Tuschka,
Sarah Larissa Heuser
111 Orte für Kinder in und um Bonn, die man gesehen haben muss
ISBN 978-3-7408-2085-5

Charlotte Mohs
111 Orte für Kinder in Mainz, die man gesehen haben muss
ISBN 978-3-7408-0665-1

Julia Tzschätzsch
111 Orte für Kinder in Frankfurt, die man gesehen haben muss
ISBN 978-3-7408-0686-6

Muriel Bunswig
111 Orte für Kinder im Schwarzwald, die man gesehen haben muss
ISBN 978-3-7408-2133-3

Julia Schönborn
111 Orte für Kinder in Heidelberg, die man gesehen haben muss
ISBN 978-3-7408-0989-8

Franziska Lô
111 Orte für Kinder in und um Stuttgart, die man gesehen haben muss
ISBN 978-3-7408-2240-8

Nadine Luck
111 Orte für Kinder in und um Bamberg, die man gesehen haben muss
ISBN 978-3-7408-1075-7

Anke Landleiter
111 Orte für Kinder in Nürnberg, die man gesehen haben muss
ISBN 978-3-7408-0852-5

Veronika Wengert
111 Orte für Kinder in und um Augsburg, die man gesehen haben muss
ISBN 978-3-7408-1079-5

Florian Kinast
111 Orte für Kinder in München, die man gesehen haben muss
ISBN 978-3-7408-2568-3

Jenny Menzel
111 Orte für Kinder in Dresden, die man gesehen haben muss
ISBN 978-3-7408-2181-4

Priska Lachmann
111 Orte für Kinder in Leipzig, die man gesehen haben muss
ISBN 978-3-7408-1834-0

Janine Eck, Kristina Offermann
111 Orte für Kinder in Potsdam und Brandenburg, die man gesehen haben muss
ISBN 978-3-7408-2227-9

Isa Grütering, Natascha Korol, Theresia Koch
111 Orte für Kinder in Berlin, die man gesehen haben muss
ISBN 978-3-7408-2475-4

Gina von der Heiden
111 Orte für Kinder am Bodensee, die man gesehen haben muss
ISBN 978-3-7408-1197-6

Simone Hausladen
111 Orte für Kinder in Zürich, die man gesehen haben muss
ISBN 978-3-7408-2476-1

Regula Tanner
111 Orte für Kinder in Bern, die man gesehen haben muss
ISBN 978-3-7408-1493-9

Anja Fischer
111 Orte für Kinder in Salzburg, die man gesehen haben muss
ISBN 978-3-7408-1080-1

Lisa Christina Repnik
111 Orte für Kinder in Graz, die man gesehen haben muss
ISBN 978-3-7408-1273-7

Bernadette Németh
111 Orte für Kinder in Wien, die man gesehen haben muss
ISBN 978-3-7408-2503-4

Marion Demme-Zech studierte Erziehungswissenschaft und war als Erzieherin in verschiedenen Kindertagesstätten tätig. Die Saarländerin verfasst pädagogische Autorenbeiträge für diverse Verlage, schreibt Krimis und konzipiert ungewöhnliche Reiseführer und Gesellschaftsspiele über ihre Heimat.